元の理と みかぐらうた

羽成 守 著

創耕舎

私をこの道に導いてくれた母羽成芳枝のみたまに捧げる

はじめに

　一つのことばの意味を解釈、理解し、発表するということは、その人の人間性を表明することでもある。ことばの解釈には、これまでの生き方、人生の過ごし方のすべてが反映されるからである。

　特に、神のことばである「みかぐらうた」については、人生経験豊かな人は豊かな解釈ができるであろうし、その解釈は、多くの人を感動させ、勇ませる。その反対の人の解釈は、それを聞く人の胸を打たないであろう。

　これまで、多くの尊敬すべき偉大な先人により、「みかぐらうた」について豊かな解釈（悟り、といってもよい）がなされ、公表されてきた。本書はこれらを基礎、基本として、その延長上にある。

　ただ、多くの偉大な先人が、ご自分の中では当然のこととして理解していたために、あえて詳しく説明されなかった部分がある。

　たとえば、扇の手は、なぜ3下り目と4下り目なのか。なぜ、1下り目から使われないのだろうか。

　また、扇の手は、なぜ3下り目は五ツで終わり、4下り目は七ツで終わるのか。

　5下り目と9下り目では、なぜ十（とお）がないのか。

　7下り目では、十が2首あるかたちをとっているのはなぜか、等々。

　その他、ておどりのいくつかの手振りの意味につき、深く考えることもしないまま今日に至ってしまった点について、私なりに思案を重ねてみた。

　その結果、これらの疑問が、元の理を解釈の基礎に置くことによって解決し、説明がついたのである。

　教祖中山みき様は、これらのことを別にお隠しになったわけではないのであろう。ただ、我々がそこにまで思いが至らなかっただけなのだ。きっと、「やっとわかったか」、「そのように悟ったのか」とお笑いになっておられるかもしれない。

このような解釈のしかたもあるのだ、ということを広く知ってもらうため、そして、この本を読んだ各人が、それぞれの思いであらためて「みかぐらうた」を解釈しようとするきっかけになるように、そして何より、未熟な私が、これらを理解するのに時間がかかったことの不便さに思いをいたし、「みかぐらうた」を学ぼうとする人達の不便をいくらかでも解消しようとする目的のために、あえてまとめたものが本書である。

　多くの人に「みかぐらうた」への関心を持ってもらうため、この本の題名を「元の理とみかぐらうた」とした。実は、「みかぐらうたの骨格　元の理」とするか、上梓直前まで迷っていた。これがこの本の内容である。

　本書が、多くの定評ある「みかぐらうた」の解釈本の参考書の一つとして利用され、さらに「みかぐらうた」に親しむ人がふえたら、これに過ぎる喜びはない。

　令和6年（立教187年）6月

羽成　守

凡　例

1　かな表記と漢字表記について

　天理教は、教祖である中山みき様が、誰でもわかるようにと、「おふでさき」「みかぐらうた」はかなで書かれている。そして、教義などに使われる言葉の多くが「かな表記」で書かれている。

　本書では、おうたの解釈をより理解しやすくするために、本文解説文中において筆者が漢字で表記した方がよいと思われる箇所については、必要に応じて漢字で表記することとした。

2　「みかぐらうた」について

ア　歌詞について

　「みかぐらうた」については、教祖直筆の原本が見つかっていないため、本書は、史料集成部で各教会に下付される祭典用地方（ぢかた）台本に従った。また、第5章では、歌詞の箇所については ■■■■ で、その現代語訳については □□ で、解説文と区別して表記した。

イ　表記方法について

　「なか〳〵」（なかなか）、「だん〴〵」（だんだん）等の繰り返し使用する語を用いる副詞については、原本では「〳〵」、「〳〵」と略して記載しているが、本文解説文中で使用する場合は、省略せずに表記した。

3　「元初まり」について

　「元初まりの話」は、天理教の教義の根幹を成す話であるが、「おふでさき」を中心に、教祖から聞いた者がまとめた文書「こふき（こうき）本」がある。

　本書では、天理教教会本部編纂の『天理教教典』の第三章「元の理」の中に記載されているものを使用した。

4　本文引用の参考文献について

　ア　引用について

　本文中、文献に記してある箇所を引用する場合は、引用を示すために「　」で括った。

　イ　文献（単行本）の表記

　本文中の文献（単行本）の表記は、解説文中の初出の箇所に①著者、②書名、③引用ページ、④出版年、⑤発行出版社名の順で表記した。

　　例：天理教教会本部編『稿本天理教教祖傳』73 頁（1956 年、天理
　　　　教道友社）

　ウ　文献（雑誌掲載の論文）の表記

　本文中の文献（論文）の表記は、解説文中の初出の箇所に①著者、②論文名、③掲載雑誌名と掲載号、④引用ページの順で表記した。

　　例：中山真之亮「教祖様御伝」復元 33 号 219 頁

著者紹介

羽成　守　（はなり　まもる）弁護士（ひびき綜合法律事務所）

略　歴

1970年（昭和45年）　　　中央大学法学部法律学科卒業

1976年（昭和51年）　　　弁護士登録

財団法人法律扶助協会理事、日本弁護士連合会常務理事、中央大学法
科大学院客員教授、公益財団法人日本調停協会連合会理事長を歴任

1995年（平成7年）　　　天理教日帝分教会第4代会長

2019年（令和元年）　　　受勲（旭日小綬章）

現　在　　　　　　　　　公益財団天理よろず相談所理事

主な著書

事情だすけに役立つ法律知識（2004年、天理教道友社）（著）

実務　不法行為法講義〔第2版〕（2012年、民事法研究会）（編著）

［新版］仮差押え・仮処分の法律相談（2013年、青林書院）（編集）

民事調停の執務（2013年、青林書院）（著）

交通事故診療コミック版（2014年、創耕舎）（監修）

Q&Aハンドブック交通事故診療（第6版）（2020年、創耕舎）（監修・
執筆）

弁護士実務入門シリーズ『「交通事故」実務入門』（2021年、司法協会）
（編著）

交通事故診療コミック版2［応用編］（2023年、創耕舎）（監修）

その他多数

目次

はじめに
凡例
著者紹介

第5章　みかぐらうたの解釈 ………………… 53

あとがきに代えて

第1章
法解釈学の手法

　私の一面でもある法律研究者としては、法律解釈学（法解釈学）の手法は、ありとあらゆる文章の解釈について有効である、との確信がある。

　すなわち、法解釈学は、書かれた文章（法律）そのものの意味を、その表現自体から解釈する学問である。この時点では、立法者の意思よりも、書かれた法律の客観、形式が優先する。いくら、立法者が「こういう趣旨で立法したのだ」と主張したところで、作られた法律の文言から、そのような意味に取れないときは、立法者の意思は無視されることになる。文章やことば自体につき、誰でもが理解する意味に解釈されるのである。ただ、法律の客観、形式に基づく解釈が分かれたときに、より正しい解釈の参考として、立法者の意思がどのようなものであったかが考慮されるにすぎない。

　このことは、みかぐらうたの解釈をする際にも妥当するであろう。神は、その思いをことばで、しかも日本語で人間に示された。この神のことばをどのように悟るかは、どのように解釈するかということと同義だからである

　これに対し、「みかぐらうたは、法律とは違う。おことばの一つ一つにこめられた教祖中山みき様（以下、特に断らないかぎり、教祖と表記して『おやさま』と読むこととする）、親神様の思いを悟らせてもらうことが大切だ。その意味では、『立法者』の意思の解釈こそが必要だ。」との意見が出されることが容易に予想される。

　この意見は正しい。

　しかし、教祖、親神様の意思自体は、みかぐらうたそのものに表されているだけで、法律が立法される際に付加される、いわゆる立法趣旨にあたるものは明らかにされていないのである。教祖は、「このうたは、このように解釈するのだ」といったことはおっしゃっておられない。

　「かなの教え」にこめられた、各人各様に許された悟りの自由。この思いが**「にち／＼にすむしわかりしむねのうち　せゑぢんしたいみへてくるぞや**［日々に心が澄み、親神の思いがわかり、成人次第、真実が見えるようになってくる（以下、おふでさきの解釈は、上田嘉太郎『おふでさき通解』(2017年、天理教道友社)を参考にした)。]」（おふでさき6号15)のおふでさきに明らかにされているものと、私は考えている。

　したがって、教祖、親神様のみかぐらうたにこめられた思いを解釈すること、すなわち悟ることは、書かれたみかぐらうたそのものをどのように解釈すればよいか、ということと同義なのである。

　これが、みかぐらうたの解釈は法解釈学と同じである、という意味なのだ。

　でき得るかぎり、みかぐらうたに使われていることばの意味を厳格に解してみたのが本書である。

第1 「あしきはらひ」のおつとめ

　慶応2年（1866年）の秋から、教祖は「**あしきはらひたすけ たまへ　てんりわうのみこと**」と、つとめの地歌と手振りとを教えられた（天理教教会本部編『稿本天理教教祖傳』73頁（1956年、天理教道友社））。

　それまでは、「**なむ天理王命**」を繰り返し唱えるだけであった。

　教祖の末女（五女）「こかん」が嘉永6年（1853年）、天理教の歴史上最初の布教ともいえる「においがけ」、すなわち、十三峠を越え、浪速の町へ神名流しに出た際も、拍子木を打ちながら「**なむ天理王命**」と繰り返し唱えたのである（天理教教会本部編『稿本天理教教祖傳』33頁）。

　後の高弟辻忠作が文久3年（1863年）にはじめて参詣して、妹くらの気の間違いをおたすけいただくために教祖からつとめをするよう教えられ、つとめをしたものの一向に利やくが見えない時に、教祖から「つとめ短かい」とさとされ、線香を半分に折っていたことを反省して、線香を折らずにつとめたところ、間もなく全快したとの話がある（天理教教会本部編『稿本天理教教祖傳』45頁）。

　この頃のつとめは、手振りもなく、回数の定めもなく、線香を焚いて時間をはかって、「**なむ天理王命**」を繰り返し唱えるだけのものであった。

　慶応２年以後、「**あしきはらひたすけたまへ　てんりわうのみこと**」と教えられたが、信者の間では、「**あしきはらひたすけたまひ天理王命**」（中山真之亮「教祖様御伝」復元 33 号 219 頁）、あるいは、「**あしきはらひ、たすけたまへ南無てんりわうのみこと**」（飯降尹之助「永尾芳枝祖母口述記」復元３号 138 頁）と唱えられていたようである。

　当初は、拍子木だけを叩いて、繰り返し唱えるだけであったという（飯降・前掲復元３号 138 頁）。

　その後、「12 下り」「ちよとはなし」「よろづよ八首」「いちれつすますかんろだい」が加えられ、明治 15 年（1882 年）に、手振りは元のままながら、「**あしきはらひ**」が「**あしきをはらうて**」と改められ、現在のおつとめの形となった。

第２　「12下り」

　教祖は、慶応３年（1867 年）正月から８月にかけて、12 下りのおうたを教えられた。

　この年の 10 月 15 日（陽暦 11 月９日）に徳川 15 代将軍慶喜が政権を朝廷に返上した大政奉還があり、12 月９日に王政復古の大号令が下った。教祖は、武士の世であった江戸時代が終わり、新しい国家、明治となるのを事前に見通されていたのである。

　将来を見通されていたことは、11 下り目の

　「一ッひのもとしよやしきの　かみのやかたのぢばさだめ」

にも明らかである。ここにいう「ぢばさだめ」とは、12 下りを教えられた慶応３年から８年後の明治８年（1875 年）陰暦５月 26 日のぢばさだめのことであり、慶応３年には「ぢば」は定められていなかったのである。

　12 下りを教えられた慶応３年（1867 年）は、教祖 70 歳で、立教以来 30 年目の正月である。

12下りに、教祖自ら、声を張り上げておうたの節をつけられ、また、自ら手振りをして、人々にお示し下さったのである。おうたへの節付けと手振りの振り付けに満3年をかけられている。

第3　「ちよとはなし」

12下りのおうたと手振りを教えられてから3年後の明治3年（1870年）、「ちよとはなし」のおうたと手振りが教えられた。

この前年の明治2年（1869年）から、教祖は、13年間にわたっておふでさきの執筆に取り掛かられ、最終の17号を明治15年に執筆されている。

第4　「よろづよ八首」

明治3年（1870年）、「よろづよ八首」を12下りのはじめに加えられた。「よろづよ八首」は、前年の明治2年から執筆に取り掛かられたおふでさきの最初の8首をもとに作られている。

第5　「いちれつすますかんろだい」

明治8年（1875年）に「いちれつすますかんろだい」のおうたと手振りを教えられ、おつとめの手が一通り揃うこととなった。

教祖のおそばに仕えた永尾芳枝が語ったとされる史実によれば、かぐらづとめが最初につとめられたのは、明治13年（1880年）陰暦8月26日のようである。「明治13年旧8月26日が始めや。」「仏式教会（転輪王講社）の社開きの日（？為）かぐら勤めをせよと仰言って、初めて本勤めされたのや。」（原文は旧漢字。飯降・前掲復元3号138〜139頁）とのことである。

その後、明治15年（1882年）に、手振りは元のままながら、

「いちれつすましてかんろだい」と改められた。それに伴い、「あしきはらひ」が「あしきをはらうて」と改められ、現在の形となった。

　なお、この頃（明治 15 年）までに 1711 首のおふでさきが 17 号に綴られて、書き上げられた。

　結局、明治 15 年（1882 年）に、教祖自らお作り下さった「おふでさき」と「みかぐらうた」が完成した。この年の 3 月 26 日、後の本席飯降伊蔵がお屋敷に住み込み、いよいよ、教理を広める態勢が整ってきたのである。

第6　陰暦と陽暦

　陰暦（太陰暦）とは、29.5 日（太陽日）を基にして、1 か月を 29 日あるいは 30 日とし、12 か月を 1 年としたものである。陽暦（太陽暦）は 1 年を 365 日とし、4 年ごとに閏（うるう）日を置くものである。正確には、100 年毎に閏日を省き、400 年毎に閏日を省くことをやめるものである。

　陰暦は陽暦と比べ 1 年に約 10 日間短くなるため、3 年に 1 度閏月を置き、1 年を 13 か月とする。

　日本では、明治 5 年に陽暦が採用され、陰暦 12 月 3 日が陽暦明治 6 年 1 月 1 日とされた。

　本書では明治 6 年以降は陽暦表示を原則とし、それ以前は陰暦表示を原則とする。

　教祖が身を隠された日のことを、天理教教会本部編『稿本天理教教祖傳』は「明くれば 2 月 18 日、陰暦正月 26 日である。」として、陽暦表示を原則としている。

みかぐらうた

◎は拍子木の重ね打ち

みかぐらうた第一節
あしきをはらうてたすけたまへ
てんりわうのみこと

みかぐらうた第二節
ちよとはなしかみのいふこときいてくれ
あしきのことはいはんでな

このよのぢいとてんとをかたどりて
ふうふをこしらへきたるでな
これハこのよのはじめだし
（なむてんりわうのみこと）

みかぐらうた第三節
あしきをはらうてたすけせきこむ
いちれつすましてかんろだい

みかぐらうた第四節
よろづよ八首
よろづよのせかい一れつみはらせど
　　むねのわかりたものはない
そのはずやといてきかしたことハない
　　しらぬがむりでハないわいな
このたびはかみがおもてへあらはれて
　　なにかいさいをとき〻かす
このところやまとのぢばのかみがたと

　　いうていれどももとしらぬ

このもとをくはしくきいたことならバ

　　いかなものでもこいしなる

きゝたくバたづねくるならいうてきかす

　　よろづいさいのもとなるを

かみがでゝなにかいさいをとくならバ

　　せかい一れついさむなり

一れつにはやくたすけをいそぐから

　　せかいのこゝろもいさめかけ

（なむてんりわうのみこと）（よしよし）

みかぐらうた第五節

一下り目

一ッ　正月こゑのさづけは

　　やれめづらしい

二ニ　にっこりさづけもろたら

　　やれたのもしや

三ニ　さんざいこゝろをさだめ

四ッ　よのなか

五ッ　りをふく

六ッ　むしやうにでけまわす

七ッ　なにかにつくりとるなら

八ッ　やまとハほうねんや

九ッ　こゝまでついてこい

十ド　とりめがさだまりた

（なむてんりわうのみこと　なむてんりわうのみこと）

二下り目

とん／＼とんと正月をどりはじめハ

　　　やれおもしろい
二ッ　ふしぎなふしんかゝれバ
　　　やれにぎはしや
三ッ　みにつく
四ッ　よなほり
五ッ　いづれもつきくるならば
六ッ　むほんのねえをきらふ
七ッ　なんじふをすくひあぐれバ
八ッ　やまひのねをきらふ
九ッ　こゝろをさだめゐやうなら
十デ　ところのをさまりや
（なむてんりわうのみこと　なむてんりわうのみこと）

三下り目
一ッ　ひのもとしよやしきの
　　　つとめのばしよハよのもとや
二ッ　ふしぎなつとめばしよハ
　　　たれにたのみはかけねども
三ッ　みなせかいがよりあうて
　　　でけたちきたるがこれふしぎ
四ッ　ようゝゝこゝまでついてきた
　　　じつのたすけハこれからや
五ッ　いつもわらはれそしられて
　　　めづらしたすけをするほどに
六ッ　むりなねがひはしてくれな
　　　ひとすぢごゝろになりてこい
七ッ　なんでもこれからひとすぢに
　　　かみにもたれてゆきまする
八ッ　やむほどつらいことハない

　　　わしもこれからひのきしん
九ッ　こゝまでしん／＼゛したけれど
　　　もとのかみとハしらなんだ
十ド　このたびあらはれた
　　　じつのかみにはさうゐない
（なむてんりわうのみこと　なむてんりわうのみこと）

四下り目

一ッ　ひとがなにごといはうとも
　　　かみがみているきをしずめ
二ッ　ふたりのこゝろををさめいよ
　　　なにかのことをもあらはれる
三ッ　みなみてゐよそばなもの
　　　かみのすることなすことを
四ッ　よるひるどんちやんつとめする
　　　そばもやかましうたてかろ
五ッ　いつもたすけがせくからに
　　　はやくやうきになりてこい
六ッ　むらかたはやくにたすけたい
　　　なれどこゝろがわからいで
七ッ　なにかよろづのたすけあい
　　　むねのうちよりしあんせよ
八ッ　やまひのすつきりねはぬける
　　　こゝろハだん／＼いさみくる
九ッ　こゝはこのよのごくらくや
　　　わしもはや／＼まゐりたい
十ド　このたびむねのうち
　　　すみきりましたがありがたい
（なむてんりわうのみこと　なむてんりわうのみこと）

五下り目

一ッ　ひろいせかいのうちなれバ
　　　たすけるところがまゝあらう
二ッ　ふしぎなたすけハこのところ
　　　おびやはうそのゆるしだす
三ッ　みづとかみとはおなじこと
　　　こゝろのよごれをあらひきる
四ッ　よくのないものなけれども
　　　かみのまへにハよくはない
五ッ　いつまでしん／＼したとても
　　　やうきづくめであるほどに
六ッ　むごいこゝろをうちわすれ
　　　やさしきこゝろになりてこい
七ッ　なんでもなんぎハさゝぬぞへ
　　　たすけいちじよのこのところ
八ッ　やまとばかりやないほどに
　　　くに／＼までへもたすけゆく
九ッ　こゝはこのよのもとのぢば
　　　めづらしところがあらはれた
　　　どうでもしん／＼するならバ
　　　かうをむすぼやないかいな
（なむてんりわうのみこと　なむてんりわうのみこと）

六下り目

一ッ　ひとのこゝろといふものハ
　　　うたがひぶかいものなるぞ
二ッ　ふしぎなたすけをするからに
　　　いかなることもみさだめる
三ッ　みなせかいのむねのうち

　　　かゞみのごとくにうつるなり

四ッ　ようこそつとめについてきた

　　　これがたすけのもとだてや

五ッ　いつもかぐらやてをどりや

　　　すゑではめづらしたすけする

六ッ　むしやうやたらにねがひでる

　　　うけとるすぢもせんすぢや

七ッ　なんぼしん／＼したとても

　　　こゝろえちがひはならんぞへ

ハッ　やつぱりしん／＼せにやならん

　　　こゝろえちがひはでなほしや

九ッ　こゝまでしん／＼してからハ

　　　ひとつのかうをもみにやならぬ

ナド　このたびみえました

　　　あふぎのうかゞひこれふしぎ

（なむてんりわうのみこと　なむてんりわうのみこと）

七下り目

一ッ　ひとことはなしハひのきしん

　　　にほひばかりをかけておく

二ッ　ふかいこゝろがあるなれバ

　　　たれもとめるでないほどに

三ッ　みなせかいのこゝろにハ

　　　でんぢのいらぬものハない

四ッ　よきぢがあらバーれつに

　　　たれもほしいであらうがな

五ッ　いづれのかたもおなしこと

　　　わしもあのぢをもとめたい

六ッ　むりにどうせといはんでな

　　　　そこはめい／＼のむねしだい

七ツ　なんでもでんぢがほしいから

　　　　あたへハなにほどいるとても

八ツ　やしきハかみのでんぢやで

　　　　まいたるたねハみなはへる

九ツ　こゝハこのよのでんぢなら

　　　　わしもしつかりたねをまこ

十ド　このたびいちれつに

　　　　ようこそたねをまきにきた

　　　　たねをまいたるそのかたハ

　　　　こえをおかずにつくりとり

（なむてんりわうのみこと　なむてんりわうのみこと）

八下り目

一ツ　ひろいせかいやくになかに

　　　　いしもたちきもないかいな

二ツ　ふしぎなふしんをするなれど

　　　　たれにたのみハかけんでな

三ツ　みなだん／＼とせかいから

　　　　よりきたことならでけてくる

四ツ　よくのこゝろをうちわすれ

　　　　とくとこゝろをさだめかけ

五ツ　いつまでみあわせゐたるとも

　　　　うちからするのやないほどに

六ツ　むしやうやたらにせきこむな

　　　　むねのうちよりしあんせよ

七ツ　なにかこゝろがすんだなら

　　　　はやくふしんにとりかゝれ

八ツ　やまのなかへといりこんで

　　　いしもたちきもみておいた
九ッ　このききらうかあのいしと
　　　おもへどかみのむねしだい
十ド　このたびいちれつに
　　　すみきりましたがむねのうち
（なむてんりわうのみこと　なむてんりわうのみこと）

九下り目
一ッ　ひろいせかいをうちまわり
　　　一せん二せんでたすけゆく
二ッ　ふじゆうなきやうにしてやらう
　　　かみのこゝろにもたれつけ
三ッ　みれバせかいのこゝろにハ
　　　よくがまじりてあるほどに
四ッ　よくがあるならやめてくれ
　　　かみのうけとりできんから
五ッ　いづれのかたもおなじこと
　　　しあんさだめてついてこい
六ッ　むりにでやうといふでない
　　　こゝろさだめのつくまでハ
七ッ　なか／＼このたびいちれつに
　　　しつかりしあんをせにやならん
八ッ　やまのなかでもあちこちと
　　　てんりわうのつとめする
九ッ　こゝでつとめをしてゐれど
　　　むねのわかりたものハない
　　　とてもかみなをよびだせば
　　　はやくもとへたづねでよ
（なむてんりわうのみこと　なむてんりわうのみこと）

十下り目

一ッ　ひとのこゝろといふものハ
　　　ちよとにわからんものなるぞ

二ッ　ふしぎなたすけをしてゐれど
　　　あらはれでるのがいまはじめ

三ッ　みづのなかなるこのどろう
　　　はやくいだしてもらひたい

四ッ　よくにきりないどろみづや
　　　こゝろすみきれごくらくや

五ッ　いつ／＼までもこのことハ
　　　はなしのたねになるほどに

六ッ　むごいことばをだしたるも
　　　はやくたすけをいそぐから

七ッ　なんぎするのもこゝろから
　　　わがみうらみであるほどに

八ッ　やまひはつらいものなれど
　　　もとをしりたるものハない

九ッ　このたびまでハいちれつに
　　　やまひのもとハしれなんだ

十ド　このたびあらはれた
　　　やまひのもとハこゝろから
（なむてんりわうのみこと　なむてんりわうのみこと）

十一下り目
一ッ　ひのもとしよやしきの
　　　かみのやかたのぢばさだめ

二ッ　ふうふそろうてひのきしん
　　　これがだいゝちものだねや

三ッ　みれバせかいがたん／＼と

　　　　もつこになうてひのきしん
四ッ　よくをわすれてひのきしん
　　　これがだいゝちこえとなる
五ッ　いつ／＼までもつちもちや
　　　まだあるならバわしもゆこ
六ッ　むりにとめるやないほどに
　　　こゝろあるならたれなりと
七ッ　なにかめづらしつちもちや
　　　これがきしんとなるならバ
八ッ　やしきのつちをほりとりて
　　　ところかへるばかりやで
九ッ　このたびまではいちれつに
　　　むねがわからんざんねんな
十ド　ことしハこえおかず
　　　じふぶんものをつくりとり
　　　やれたのもしやありがたや
（なむてんりわうのみこと　なむてんりわうのみこと）

十二下り目
一ッ　いちにだいくのうかゞひに
　　　なにかのこともまかせおく
二ッ　ふしぎなふしんをするならバ
　　　うかゞひたてゝいひつけよ
三ッ　みなせかいからだん／＼と
　　　きたるだいくににほいかけ
四ッ　よきとうりやうかあるならバ
　　　はやくこもとへよせておけ
五ッ　いづれとうりやうよにんいる
　　　はやくうかゞいたてゝみよ

六ッ　むりにこいとハいはんでな
　　　いづれだん／＼つきくるで
七ッ　なにかめづらしこのふしん
　　　しかけたことならきりハない
ハッ　やまのなかへとゆくならバ
　　　あらきとうりやうつれてゆけ
九ッ　これハこざいくとうりやうや
　　　たてまへとうりやうこれかんな
十ド　このたびいちれつに
　　　だいくのにんもそろひきた
（なむてんりわうのみこと　なむてんりわうのみこと）

第3章
みかぐらうたと元の理

第1　元の理とかぐらづとめ

　教祖が直接書き残された「みかぐらうた」は、おふでさきとなら
ぶ第一級の原典である。しかも、朝晩、口で歌い、手足でおどるこ
のつとめを急き込まれ、教祖は自らの定命を25年も縮められた。

　「一つ手の振り方間違えても、宜敷ない。このつとめで命の切換
するのや。大切なつとめやで。」（天理教教会本部編『稿本天理教教
祖傳』95頁）とまでおっしゃったみかぐらうたには、教えのすべ
てが凝縮されているに違いない。

　教祖は、常に元初まりのお話をされたという。

　諸井國三郎によれば、「私は年に二度か、三度は必ず登参を欠か
したことはないが、登参する毎に、何時も有難い御言葉を頂戴した。
それで当時は、どんな話を、最も多くお聴かせになったかと云へば、
後の本席時代の様な詳しいお話ではなく、多く、泥海時代のお話で
あった。」（山名大教会『改訂初代会長夫妻自傳』64頁（1958年））。
しかも、「教祖、御在世中の御話と云へば、大抵この泥海中のお話
が多かったが、これをお聞かせになる前には、『いま、世界の人間が、
元をしらんから、互に他人と云ってねたみ合ひ、うらみ合ひ、我さ
へよくばで、皆、勝手／＼の心つかひ、甚だしきものは、敵同士になっ
て嫉み合ってゐるのも、元を聞かしたことがないから、仕方がない。
なれど、この儘にゐては、親が子を殺し、子が親を殺し、いぢらし
くて見てゐられぬ。それで、どうしても元を聞かせなければならん』

と、云うことをお話しになり、それから、泥海中のお話をお説きになり、しまひに、『かういう訳故、どんな者でも、仲善くせんければならんで』と、云ってお聞かせになった。」（山名大教会『改訂初代会長夫妻自傳』69頁）という。

　これほどまでに教祖は、元初まりの話（元の理）をお話しになっていたのだから、みかぐらうたには元初まりの話が凝縮されているに違いない。

　さらに、おふでさきやおさしづなどに表れる「つとめ」はかぐらづとめを指しており、かぐらづとめは元の理そのものを具現している。まさに、「かぐらづとめの理合いを掘り下げるならば、元の理の話に至（る）」のである（平成20年1月26日立教171年春季大祭における中山善司真柱の講話）。

　「十人のつとめ人衆が、かんろだいを囲み、親神の人間世界創造の働きをそのままに、それぞれの守護の理を承けて、面をつけ、理を手振りに現わして勤める。」（天理教教会本部編『稿本天理教教祖傳』70頁）

　そのかぐらづとめに引き続き行われるよろづよ八首と12下りのておどりについては、次のように説明されている。

　「てをどりは、陽気ぐらしの如実の現われとして、かんろだいのぢば以外の所にても勤めることをゆるされて居る、地上に充ちる陽気ぐらしの自ずからなる現われとも言うべきものである。このてをどりの地歌として教えられたのが、よろづよ八首及び十二下りの歌である。」（天理教教会本部編『稿本天理教教祖傳』72頁）

　この、ておどりに元の理が反映されていないはずがない、そんな思いで朝晩のみかぐらうたを学ばしてもらったら、見えてきたのである。

　これまで、元初まりの話（元の理）は、かぐらづとめに顕現されていると説かれるのみで、それに続くておどりと直接に関連づけた解釈は見当たらない。しかし、陽気ておどりといわれる12下りが、

図表１　みかぐらうたの位置図と順序

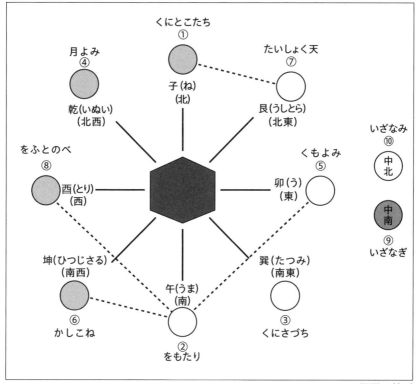

……胴尾の結び

陽気ぐらしの原理を明らかにされている元の理と無関係のはずはない。

　かねがね、みかぐらうたの中にあるいくつかのおことばの意味や動作に疑問を持ちながら、私は、教祖がお作りになったのだからまるごと受け取ればいい、と、あたかも信仰の純粋さがあるかのような理由を隠れみのにして、解釈あるいは悟りを放棄してきた。

　しかし、教祖は、親神の思いを、まず日本語、しかも江戸時代のやまとのことばを使って人間に明かされた。人類に普遍の教えを、元のいんねんにより日本に現れたために日本語を使っただけであると考えれば、世界へたすけに出る我々は、おことばのどんな片言隻

語であっても、徹底的に解釈し尽くす義務があるのではないかと考えるに至ったのである。

　毎日、朝夕しているおつとめでさえ、いや、毎日なじんでいるためにこそ却って、おことばの持つ深い意味、神の思いを突き詰めることなく、過ごしてこなかったか。

　この反省に立って、おつとめ、みかぐらうたを解釈したのが本書である。

第2　当時の方角の呼び方

　12支の「子（ね）」「丑（うし）」「寅（とら）」「卯（う）」「辰（たつ）」「巳（み）」「午（うま）」「未（ひつじ）」「申（さる）」「酉（とり）」「戌（いぬ）」「亥（い）」を、子を北に、午を南に（子午線）、東西に卯と酉を置き、その間に2つの干支を組み合わせたものを置く。丑寅＝艮、辰巳＝巽、未申＝坤、戌亥＝乾となる。

第3　みかぐらうたの「なぜ？」

　みかぐらうたで宣べられていることばの解釈に加え、これまで、
① 元の理が基本にある以上、十柱の神名（十全の守護）と12
　 下りは対応しているのではないか、
② そうであるなら、みかぐらうたの2下り分が余ることとなる
　 が、それは何下り目で、どのような意味があるのか、
③ みかぐらうたの第4節「よろづよ八首」で、ておどりの最初
　 が左足から始まるのはなぜか、
④ 1下り目と2下り目は、短歌体の前半部分しかなく、未完成
　 のようなかたちとなっているのはなぜか、
⑤ 1下り目で「正月」が出たのに、2下り目でもまた「正月」
　 が出てくるのはなぜか、

⑥　2下り目にはなぜ1つがないのか、

⑦　2下り目の出だしと4下り目の2つは、なぜ、最初に左足を踏まないのか

⑧　扇の手は、なぜ3下り目と4下り目なのか。見た目に陽気な扇の手であれば、1下り目から使われてもよいのではないか、

⑨　扇の手は、なぜ3下り目は五ツで終わり、4下り目は七ツで終わるのか、

⑩　1下り目から6下り目までを前半、7下り目から12下り目までを後半として分け、つとめ人衆が交替するが、なぜ分けるのか、

⑪　1下り目、3下り目、11下り目の一ツでは、なぜ、拍子木が重ね打ちするのか、

⑫　3下り目、4下り目、6下り目、7下り目、8下り目、12下り目の三ツでは、なぜ、拍子木が重ね打ちするのか、

⑬　3下り目と11下り目の一ツだけは、なぜ歌い出しが高い音（笛で、普通は【332】と吹くところを、【56〔53〕】と吹く。琴で、普通は【334（ファファミ）】と弾くところを、【21〔23〕（ラシラファ）】と弾く）から始まるのか、

⑭　5下り目と9下り目では、なぜ十（とお）がないのか、

⑮　6下り目では、ておどりをいったん中断して、畳んだ扇を持つのはなぜか、

⑯　7下り目では、十が2首あるかたちをとっているが、なぜか、

⑰　1下り目と6下り目の「むしやう」は勇みの手なのに、8下り目の「むしやう」は、なぜ、押さえの手なのか、

⑱　11下り目は、十に、さらに短歌体の半分（1行）が付加されているが、なぜか、

⑲　12下り目は、なぜ、踏み出した右足を戻さないのか、

その他、ておどりのいくつかの手振りの意味につき、未解決ないし納得のいかないまま今日に至ってしまった点について、私なりに

検討を加えてみた。

　その結果、これらの疑問が、元の理を解釈の基礎に置くことによって容易に解決ないし説明がついたのである。

　教祖は、これらのことを別にお隠しになったわけではないのであろう。ただ、我々がそこにまで思いが至らなかっただけなのだ。きっと、「やっとわかったか」、「そのように悟ったのか」とお笑いになっておられるかもしれない。

第4　天理教と数

　天理教の教えを理解するには、数の理解が不可欠である。

　元の理に出てくる多くの数、またおたすけの中で説かれる数に関連する話など、天理教における数の理解は、教えを理解する早道とも言える。

　我が国の古来からの伝承の中でも、8は八方に広がるとか、4は死に、9は苦に繋がるとか言われてきた。

　しかし、天理教ではそのような硬直したものではなく、教祖が教えられた元の理や、逸話の中で、数字が意味を持つことが多い。

　まず、守護の理に配された神名の順序により、数自体が意味を持つことがある。しかも、それはすべて良い意味しかないのである。

　図表1（21頁）の神名の下の数字が順序である。これに十全の守護の理が配される（天理教教典第4章天理王命）。

　　1　くにとこたちのみこと　身体の眼うるおい、世界では水の守護

　　2　をもたりのみこと　身体のぬくみ、世界では火の守護

　　3　くにさづちのみこと　身体の女一の道具、皮つなぎ、世界では万つなぎの守護

　　4　月よみのみこと　身体の男一の道具、骨つっぱり、世界では万つっぱりの守護

５	くもよみのみこと	身体の飲み食い出入り、世界では水気上げ下げの守護
６	かしこねのみこと	身体の息吹き分け、世界では風の守護
７	たいしょく天のみこと	出産時、親と子の胎縁を切り、出直しの時、息を引き取る世話。世界では切ること一切の世話
８	をふとのべのみこと	出産時、親の胎内から子を引き出す世話。世界では引き出し一切の守護
９	いざなぎのみこと	男雛型・種の理
10	いざなみのみこと	女雛型・苗代の理

　以上のところから、３は「つなぎの理」とか、７は「切る理」などと言われる。

　また、教祖は、高弟の高井直吉に次のように話された。

　「不足に思う日はない。皆吉い日やで。世界では、縁談や棟上げなどには日を選ぶが、皆の心の勇む日が、一番吉い日やで」と教えられた。

一日	はじまる
二日	たっぷり
三日	身につく
四日	仕合わせようなる
五日	りをふく
六日	六だいおさまる
七日	何んにも言うことない
八日	八方ひろがる
九日	苦がなくなる
十日	十ぶん
十一日	十ぶんはじまる
十二日	十ぶんたっぷり

十三日　　　　十ぶん身につく

　　　　　　　（以下同）

二十日　　　　十分たっぷりたっぷり

二十一日　　　十分たっぷりはじまる

　　　　　　　（以下同）

三十日　　　　十分たっぷりたっぷりたっぷり

　三十日は一月　十二か月は一年　一年中一日も悪い日はない（天理教教会本部編『稿本天理教教祖傳逸話編』（1976年、天理教道友社）「174　皆、吉い日やで」）。

　これらのことをもとに天理教の話にふれれば、より深い理解が得られることとなろう。

　この教えの奥深さが感じられる。

第4章
元の理

第1　世界、人間の創造

　天理教教典の第3章（25頁）が天理教の創世記たる「元の理」である。

　この世の元初りは、どろ海であつた。月日親神は、この混沌たる様を味気なく思召し、人間を造り、その陽気ぐらしをするのを見て、ともに楽しもうと思いつかれた。

　そこで、どろ海中を見澄されると、沢山のどぢよの中に、うをとみとが混つている。夫婦の雛型にしようと、先ずこれを引き寄せ、その一すじ心なるを見澄ました上、最初に産みおろす子数の年限が経つたなら、宿し込みのいんねんある元のやしきに連れ帰り、神として拝をさせようと約束し、承知をさせて貰い受けられた。

　続いて、乾の方からしやちを、巽の方からかめを呼び寄せ、これ又、承知をさせて貰い受け、食べてその心味を試し、その性を見定めて、これ等を男一の道具、及び、骨つっぱりの道具、又、女一の道具、及び、皮つなぎの道具とし、夫々をうをとみとに仕込み、男、女の雛型と定められた。いざなぎのみこと　いざなみのみこととは、この男雛型・種、女雛型・苗代の理に授けられた神名であり、月よみのみこと、くにさづちのみこととは、夫々、この道具の理に授けられた神名である。

　更に、東の方からうなぎを、坤の方からかれいを、西の方から
くろぐつなを、艮の方からふぐを、次々と引き寄せ、これにもま
た、承知をさせて貰い受け、食べてその心味を試された。そして
夫々、飲み食い出入り、息吹き分け、引き出し、切る道具と定め、
その理に、くもよみのみこと、かしこねのみこと、をふとのべの
みこと、たいしよく天のみこととの神名を授けられた。

　かくて、雛型と道具が定り、いよいよここに、人間を創造され
ることとなつた。そこで先ず、親神は、どろ海中のどぢよを皆食
べて、その心根を味い、これを人間のたねとされた。そして、月
様は、いざなぎのみことの体内に、日様は、いざなみのみこと
の体内に入り込んで、人間創造の守護を教え、三日三夜の間に、
九億九万九千九百九十九人の子数を、いざなみのみことの胎内に
宿し込まれた。それから、いざなみのみことは、その場所に三年
三月留り、やがて、七十五日かかつて、子数のすべてを産みおろ
された。

　最初に産みおろされたものは、一様に五分であつたが、五分五
分と成人して、九十九年経つて三寸になつた時、皆出直してしま
い、父親なるいざなぎのみことも、身を隠された。しかし、一度
教えられた守護により、いざなみのみことは、更に元の子数を宿
し込み、十月経つて、これを産みおろされたが、このものも、五
分から生れ、九十九年経つて三寸五分まで成人して、皆出直した。
そこで又、三度目の宿し込みをなされたが、このものも、五分か
ら生れ、九十九年経つて四寸まで成人した。その時、母親なるい
ざなみのみことは、「これまでに成人すれば、いずれ五尺の人間
になるであろう」と仰せられ、につこり笑うて身を隠された。そ
して、子等も、その後を慕うて残らず出直してしもうた。

　その後、人間は、虫、鳥、畜類などと、八千八度の生れ更りを
経て、又もや皆出直し、最後に、めざるが一匹だけ残つた。この
胎に、男五人女五人の十人ずつの人間が宿り、五分から生れ、五

分五分と成人して八寸になつた時、親神の守護によつて、どろ海の中に高低が出来かけ、一尺八寸に成人した時、海山も天地も日月も、漸く区別出来るように、かたまりかけてきた。そして、人間は、一尺八寸から三尺になるまでは、一胎に男一人女一人の二人ずつ生れ、三尺に成人した時、ものを言い始め、一胎に一人ずつ生れるようになつた。次いで、五尺になつた時、海山も天地も世界も皆出来て、人間は陸上の生活をするようになつた。

　この間、九億九万年は水中の住居、六千年は智慧の仕込み、三千九百九十九年は文字の仕込みと仰せられる。

第2　どろ海と月日親神

　この世の元初りは、どろ海であつた。月日親神は、この混沌たる様を味気なく思召し、人間を造り、その陽気ぐらしをするのを見て、ともに楽しもうと思いつかれた。

　「この世」とは、この世界、地球にとどまらず、宇宙および時間を含む、今存在するすべての現象、物質、法則のことを示している。

　「どろ海」とは、混沌たる様を象徴する語であり、無ではないが、時間、明暗、色彩、上下、左右、秩序などが存在していない状態、ことばを換えれば、神の理が通っていない状態と理解すればよいであろう。

　現在に置き換えれば、「いかに文明が進歩しようとも、病む人は絶えず、悩みの種は尽きない。心が救われることはない。」「確かな拠り所を持たぬが故に、我欲に走り、安逸に流れがちな人々」「身_{じょう}上に苦しみ、事情に悩む人」（平成18年1月の教祖120年祭を前に、平成14年10月26日発布された諭達第2号・中山善司真柱）、このような状態を「どろ海」ということができよう。

　天理教では、身体のことを「身上（みじょう）」といい、身上貸

し物借り物という使用法のほか、神の手引き、メッセージとして身体に何らかの異常（世間でいう病気や障害など）を知らせることを「身上」ということがある。また、「身上」以外の悩みや事故などを「事情」という。

「月日親神」とは、「くにとこたちのみこと」と「をもたりのみこと」である。

「くにとこたちのみこと」は、天にては月として表れるので、月様ともいう。

「くにとこたちのみこと」のお姿は、頭一つ、尾が一筋の大龍、「をもたりのみこと」のお姿は、頭が 12、尾が 3 筋で 3 つの剣のある大蛇である（吉川萬壽雄「神の古記対照考」復元 15 号 1 頁（1949 年）、以下、元の理で説明する十柱の神名のお姿などについての記述は、特に断らない限り、これによる。）。

「くにとこたちのみこと」は、天にては月として表れるので、月様ともいう。「此世界、國床を見定め給ふ、此理を以て、國常立之命と云ふ」とされる。

「くにとこたちのみこと」のお姿が、頭一つ、尾が一筋の大龍であることを人間の身体で見ると、頭は頭部・頭蓋そのもの、尾は脊椎と捉えられる。脊椎の末端（尾骨）は尻尾のように次第に細くなっており、まさに、尾の形である。

これに対し、「をもたりのみこと」のお姿の、頭が 12、尾が 3 筋で、その尾に 3 つの剣のある大蛇は頭脳から出て全身に行き渡っている神経系統と捉えられる。

すなわち、ヒトの脳（その中でも、大脳、中脳、延髄）に出入りする神経で、主に頭部、顔面に分布する「脳神経」は次の図表 2 のように分類される。

これらの神経が左右 12 対、存在するのである。

これに下半身にある 3 神経叢が加わる（神経叢には、このほかに頸神経叢と腕神経叢があるが、これらは上半身にあり、下半身（尾

図表 2　脳神経図

脳神経

1．嗅　神　経	1．腰　神　経　叢	
2．視　神　経	2．仙骨神経叢	
3．動　眼　神　経	3．陰　部　神　経　叢	
4．滑　車　神　経		
5．三　叉　神　経		
6．外　転　神　経		
7．顔　面　神　経		
8．内　耳　神　経		
9．舌　咽　神　経		
10．迷　走　神　経		
11．副　神　経		
12．舌　下　神　経		

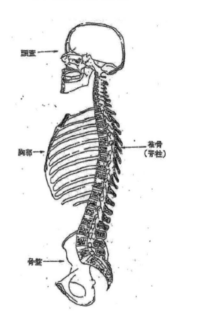

の位置）にあるのは次の３つの神経叢だけである）。

1．腰神経叢
2．仙骨神経叢
3．陰部神経叢

　まさに、頭12、尾が３筋である。「をもたりのみこと」を神経系統に見立てる考えを知人の医師に話したところ、思わず絶句し、しばらく後に、「この身体の仕組みをすでに江戸時代に示されている

なんて」と驚嘆されたことがある。

　ただ、留意すべきは、元の理は、科学的真実を宣べられているのではなく、真理を人間に理解しやすいように、具体的な物や事象を通して説明されたものであり、使われている具体的な物、動物や事象は、象徴として考えなければならない。私が述べたいのは、教祖は、人間にとって理解できるものを象徴として使われながらも、その使う材料の本質を見抜き見通しであるということである。

　このことにつき、同じ趣旨を述べた上で、「しかし、だからと言って、その動物でなくてもいいと言うことはできないと思います。ふぐと言えばふぐと言われ、うなぎと言えばうなぎと言われるところに、深い神秘的な意味があると悟りとられると思います」（諸井慶徳『人間完成の道としての天理教（諸井慶徳著作集第7巻）』110頁（1972年、天理教道友社））とするものもある。

　「をもたりのみこと」は、天にては日として表れるので、日様ともいう。「此神様は、人間宿込み給ふ後は、日々に身が重くなる故に、面足之命と云ふ」とされる。

　この月日親神は、どろ海を味気無いと思召されて、人間を造り、その人間が陽気ぐらしをするのを見て共に楽しもうとされたとあり、ここから、人間は、陽気ぐらしをするために造られたことがわかる。

　すなわち、この世にまず人間がいて、これに陽気ぐらしをさせようとしたのではなく、陽気ぐらしという目的が先にあって、そのために人間が造られたということである。

　このことを、おふでさきでは次のように説かれている。

　「月日にわにんけんはじめかけたのわ　よふきゆさんがみたいゆへから［月日親神が人間を創め掛けたのは陽気遊びが見たいからである。］」（おふでさき14号25）

　そして、それに続いて

　「せかいにハこのしんぢつをしらんから　みなどこまでもいつむ

はかりで［世界中の人にはこの真実、すなわち人間創造の目的を知らないから皆心をいずませてばかりいる。］」（おふでさき 14 号 26）

　この神の思いを知れば、すべての人間がいずむことなく、陽気になれることを宣べられている。

　これにより、人間の存在の理由、生きる目的は、陽気ぐらしであることが明らかにされている。人間創造の理由である陽気ぐらしをすることは、人間の権利というよりか、義務といってもよいであろう。

　「神による世界創造、人間創造を説いた宗教は他にもあまたあるが、創造の目的を、啓示の言葉として明示した宗教は本教のみである」（荒川善廣『「元の理」の探究』30頁（2004 年、天理大学附属おやさと研究所））。

　そこで、どろ海中を見澄されると、沢山のどぢよの中に、うをとみとが混つている。夫婦の雛型にしようと、先ずこれを引き寄せ、その一すじ心なるを見澄ました上、最初に産みおろす子数の年限が経つたなら、宿し込みのいんねんある元のやしきに連れ帰り、神として拝をさせようと約束し、承知をさせて貰い受けられた。

　「うを」（魚）は、岐魚。人魚ともいう。今の人間の顔で鱗（うろこ）なし。肌は人間の肌であったという。

　「み」（巳）は、白蛇（白ぐつな）。今の人間の肌にて、顔は人間にて鱗もなし、といわれる。

　「その一すじ心なるを見澄ました上」とは「この二人共、心は真直で正直なるもの」（吉川・前掲復元 15 号 1 頁）という意味であり、これを見て夫婦の雛型にしようと、月日親神は、「うを」と「み」に申し出をなされるのである。「うを」と「み」を夫婦雛型にされた理由が「その一すじ心なる」ことに留意しなければならない。夫婦の基本は、お互いの「一すじ心」にあるのである。

第3　神の約束

　「うを」と「み」に対し、神は「此度、人間というものをこしら
えたくにつき、その方の姿をもって、人間の種子苗代に貰い受けを」
と（と仰せ候えば）話しかける。

　ところが、「うを」と「み」は、この神からの申し出を断るのである。
「両人夫（それ）を嫌ふて断（り）を申上候」

　創造主たる神が、被造物に申し出をし、断られ、ついには、最初
に産みおろす子数の年限が経ったなら、宿し込みのいんねんある元
のやしきに連れ帰り、神として拝をさせようと約束して人間創造の
道具として使うために、承知をさせて貰い受けるといったプロセス
には、驚くほかない。

　約束とは契約であり、契約は当事者が対等でなければ成立しな
いのである。神が人間に心の自由を与えられたことは、一つ一つ
の道具を集めて人間を造り始めるその時からの約束事であること、
および、それによって人間が神に対してすら勝手な心を使っても、
神は、これを得心させるため、人間を対等に扱うところまで降り
て下さっていることであり、ここに、深い感銘を受けるのである。

　つまり、神は、人間の道具となる一つ一つの生き物にまで、すべ
て心の自由を与え、最後に、完成した人間自体にもまた、

　**「人間というものは、神のかしもの・かりもの、心一つが我が理
である。」**（おさしづ明治22年2月4日）

　**「人間という身の内という、皆神のかしもの神にかりもの、心一
つが我がの理。」**（おさしづ明治22年8月21日）

　などで教えられるように、心の自由を与えられたのである。

　なお、うをとみだけは、そのままの姿で夫婦雛型として使われて
いる。その他の道具は、月日親神が食べてめいめいの心根を味わわ
れて、それぞれの守護の理としている。

　そして、うを、みを始めとして、以後人間創造の道具として呼び

寄せられた動物が、最初は神の申し出を断ること、その後、神はこれらの動物に納得をさせ、神についてくるようにさせたとする元の理のこの部分は、この教えを広める際の布教者のとるべき態度をお示し下さっていると解することができる。

　布教される相手の身になって、決して無理強いせず、相手が納得するまで誠の心をつくし続けることが必要であろう。

　立教に先立つ天保9年（1838年）10月23日、「みきを神のやしろに貰い受けたい」との親神の申し出に対し、中山家の一族が3日間にわたりお断りを申し上げ、それに対する親神からの、「聞き入れくれたことならば、世界一列救けさそ」とのやりとりも、この元の理の話につながるものである。

第4　子数の年限の意味

　「最初に産みおろす子数の年限」すなわち、九億九万九千九百九十九年、概略十億年前は、雌雄による有性生殖が発生した時期である。生物は、無性生殖、つまり雌雄の区別のない分裂増殖から始まり、次第に進化を遂げ、雌雄の分化によって高等動物となったものである。

　元の理では、この「雌雄」を夫婦ということばで表わされていると解することができる。この有性生殖が始まったと考えられる時代が約10億年前であることを知り、元の理の奥深さを改めて思い知らされたのである。

第5　宇宙の元初まりの地点

　「宿し込みのいんねんある元のやしきに連れ帰り、神として拝をさせよう」との約束をした時点では、世界はまだどろ海であって、時間、明暗、上下、左右、秩序などが存在していない状態であり、

宿し込み前であることに留意しなければならない。すなわち、元の
やしきの場所は定まっていないのである。

　この時点で「元のやしき」と宣べられていることは、どろ海の中
で、神が最初に定めた場所、地点が「元のやしき」であるというこ
とである。これは、この世界が、「元のやしき」すなわち、「ぢば」
から始まったことを意味するのである。

　「ぢば」は、人類が創造された場所ということにとどまらず、世界、
宇宙創造の始点でもあるのだ。

　続いて、乾の方からしやちを、巽の方からかめを呼び寄せ、こ
れ又、承知をさせて貰い受け、食べてその心味を試し、その性を
見定めて、これ等を男一の道具、及び、骨つっぱりの道具、又、
女一の道具、及び、皮つなぎの道具とし、夫々をうをとみに仕
込み、男、女の雛型と定められた。いざなぎのみこと、いざなみ
のみこととは、この男雛型・種、女雛型・苗代の理に授けられた
神名であり、月よみのみこと、くにさづちのみこととは、夫々、
この道具の理に授けられた神名である。

　月日親神は、北西（乾）から鯱（しゃち）、南東（巽）から亀を
呼び寄せ、同様に承知をさせて貰い受けられた。

　鯱は「勢い強く、変にしゃくばるものであるゆえ」、男一の道具
と骨の守護に使われた。「男と云ふ者は、宿込みの時に、上より突
くが故に、此理を以て鯱（原文は魚へんに寅）に月読之命と名を授
け給ふ」とされる。

　亀は「皮強く、地に付たるもので、踏張り強く倒れぬもので、土
色なる者故に」「くにさづちのみこと」と神名をつけ、女一の道具
と皮つなぎの守護に使われた。

　この時点、すなわち、人間宿し込みの時に一つになって働かれた、
月、日、うを、み、亀、鯱を「元初まりの六だい」とか「六台初まり」

という。この「六台」は一体となっているため、かぐらづとめでは、この「六台」以外の4柱の神名が、「くにとこたちのみこと」と「をもたりのみこと」の胴尾と結びつけられるのである（図表1（21頁））。これで、十柱の神名が一体となっていることがわかる。

　後に述べるように、この六台のうち、夫婦雛型である、うをとみ以外の神名が12下りておどりの前半に出てくるのである。

　亀、鯱のそれぞれ2つの守護（女一の道具と皮つなぎの守護、男一の道具と骨の守護）と次の鰻の飲み食い出入りの守護をもって「五体」といわれる。

　更に、東の方からうなぎを、坤の方からかれいを、西の方からくろぐつなを、艮の方からふぐを、次々と引き寄せ、これにもまた、承知をさせて貰い受け、食べてその心味を試された。そして夫々、飲み食い出入り、息吹き分け、引き出し、切る道具と定め、その理に、くもよみのみこと、かしこねのみこと、をふとのべのみこと、たいしよく天のみこととの神名を授けられた。

　鰻（うなぎ）は「勢い強く、頭の方でも尾の方へも出入りするものである故」、南西（坤）から引き寄せられた鰈（かれい）は、「身薄きものであおげば風がでるものである故」、黒蛇（くろぐつな）は、「勢い強く引いても切れぬものである故」、北東（艮）から引き寄せられた河豚（ふぐ）は、「大食するもので、食べてあたるものである故」、それぞれの道具に使われた。

　月日親神は、「つきよみのみこと」までを引き寄せて人間というものの身体や器官を創造後、それに付加する機能の守護を与える時、「人間の楽（し）み、食物を第一に拵へ置く道具を見済せば、西の方に、黒ぐつなが居る。此者引寄せ貰ひ受け、食べて心味（わ）ひ姿を見るに、此者は勢ひ強く、引ても切れぬものである故に、食物、立毛、地より生える物の引出しの守護として、一に使ふた道具なり。」（吉川・

前掲復元 15 号３頁）として、最初に人間に食べる楽しみをお与え
になるのである。このことから、食べ物に対する好き嫌いは、神の
思いに反することが悟れるのである。

　そして、「是なる魚、道具とするを嫌ふものを〈中略〉人間を拵
へる相談定めて」というのであり、これらの道具もやはり一旦は断
るも、人間というものを造って陽気ぐらしをするとの目的を説明さ
れ、承知をさせて貰い受けられたのである。

　なお、ここでは、うをとみに対してしたような、産みおろす子数
の年限が経ったなら、宿し込みのいんねんある元のやしきに連れ帰
り、神として拝をさせようの約束はされていないことに注意すべき
である。これらが、夫婦雛型の道具にすぎないものであることがこ
こからもわかる。

　　かくて、雛型と道具が定り、いよいよここに、人間を創造され
　ることとなつた。そこで先ず、親神は、どろ海中のどぢよを皆食
　べて、その心根を味い、これを人間のたねとされた。そして、月
　様は、いざなぎのみことの体内に、日様は、いざなみのみこと
　の体内に入り込んで、人間創造の守護を教え、三日三夜の間に、
　九億九万九千九百九十九人の子数を、いざなみのみことの胎内に宿
　し込まれた。それから、いざなみのみことは、その場所に三年三月
　留り、やがて、七十五日かかつて、子数のすべてを産みおろされた。

　神は、人間を造るにあたり、まずその心のもと、魂（種）をどじょ
うとすることとされた。言うまでもなく、どじょうというのは象徴で
あって、どろの中に棲んでいながら自らはけがれがなく、陸にあがっ
ても、環境が変わっても生き続ける生命力、そして、神が見込んだ素
直な心などが人間の本性にふさわしいと考えられたのであろう。

　また、どじょうを「皆食べて」とのことからは、人間の種になる
べきものをすべて食べられたのであって、食べ残されたものはいな

いことを示す。

　そして、重要なことは、「どぢよ」については他の道具として使われた者に対しての「承知をさせて貰い受け」との語句がない。すなわち、人間になるべきものはすべて神が食べられたのであり、誰一人、神の子でないものはいない、ということであり、これが「いちれつきょうだい」という意味なのである。

　このことから、すべての人間は、当然天理教の信仰に入るべき可能性を有することを意味する、と解する立場がある（深谷忠政『教理研究元の理─改訂新版─』69頁（2016年、天理教道友社））。

　人間も、実の子どもに対しては無論のこと、布教の上で親（理の親）になるにも、どのような子もすべて受け入れる＝「食べる」ことが必要との意味にも悟れよう。

　さらに、「月様は、いざなぎのみことの体内に、日様は、いざなみのみことの体内に入り込ん（だ）」その時をもって、親神の理がここで系統立って完成した、と理解してもよいであろう。これを、「親神が人間世界を創造されるにあたって、みずからの働きに筋道をつけた、つまり理を通わせた」と表現するものがある（荒川善廣『「元の理」の探究』38頁）。

第6　時間の始まり

　三日三夜という時間を示すことばは、元の理ではこれが最初である。九億九万九千九百九十九人の子数が、いざなみのみことの胎内に宿し込まれたその時から「時間」が始まったと考える立場がある（荒川善廣『「元の理」の探究』8頁）。この時から九億九万九千九百九十九年経った日が、天保9年（1838年）10月26日だとするものである。

　しかし、人間創造の際、親神がうをとみに対し、夫婦の雛型にしようと、最初に産みおろす子数の年限が経ったなら、宿し込みのい

んねんある元のやしきに連れ帰り、神として拝をさせようと約束した時に、はじめて時間を示す「子数の年限」とのことばを使われており、時間の概念は、この時に、始まっていると考えられる。

　したがって、時間の概念は、月日親神が、うをとみに約束した時、すなわち、月日親神が人間創造に着手した時に存在を始めたが、時間の開始は、具体的な行動ないし動作が時間を基準として始められた時、すなわち、九億九万九千九百九十九人の子数が三日三夜かけていざなみのみことの胎内に宿し込まれ始めた最初の瞬間、と考えるべきであろう。

　「九億九万九千九百九十九」（数字にすると 900,099,999）という数については、九千九百九十万が欠けていることから、一を加えても十全にならない、すなわち、人間はいつまでたっても完成しない趣旨にとることもできよう。ただ、和算では、万と億の位取りは必ずしも峻別されていないこともあり（たとえば、阿弥陀仏の極楽である西方浄土までの距離は、人間界から十万億仏土といった表現）、あまり細密な議論は不要であろう。要は、完全、あるいは、十分な数の一歩手前、といった意味に理解すればよいと考える。

　「いざなぎのみこと」が子数のすべてを「いざなみのみこと」の胎内に宿し込まれたことは、親神の守護が、すべての人間に及んでいることを示す。

　「いざなみのみこと」が、その場所に三年三月留ったことは、人間として産みおろすことができるようになるには、神の胎内で3年3月かかることを示されている。3が重なっていることは、つなぎ、神とのつながりの強さを連想させる。そして、人間というものを完成させるためには、それだけの時間を要するということである。未信者を育ててようぼくにするまでのことを考えると、感慨深い。

　奈良、初瀬七里四方へ七日間、残る大和の国中四日。この十一日が「産明」あるいは「忌み明」という。山城、伊賀、河内、三ケ国を十九日。この三十日を「はんみや」あるいは「半帯屋」「枕直し」

という。残る日本国中四十五日。この七十五日の間を「産や中」「産屋中」という。

　七十五日の内訳は図表3の通りである。

図表3　七十五日の内訳

奈良・初瀬七里四方	7日
残る大和の国中	4日
山城、伊賀、河内三ヶ国	19日
残る日本国中	45日

第7　おびやゆるし

　お産後の最初の11日を「忌み明」ということから、お産が穢れで、忌むべきものと受け止められていたことがわかる。七十五日の間は、自宅から離れて作られた産屋から出てはいけないという意味の「産や（屋）中」などともいわれていた。

　このように、穢れがあるとされていた出産を、教祖は、いのちの始まりとして祝福し、75日間の身の穢れもないと教えられ「をびや許し」をさづけられるようになった。教祖65、6歳の頃にはよろづたすけの道あけとして大和国中に広まったのである（天理教教会本部編『稿本天理教教祖傳』44頁）。

　さらに、「女は不浄やと、世上で言うけれども、なにも、不浄なことありゃせんで。（中略）女の月のものはな、花やで。」として当時の人々の意識を啓いたのも教祖である（天理教教会本部編『稿本天理教教祖傳逸話篇』263頁「158　月のものはな、花やで」）。

　「をびや許し」と、この逸話を見れば、日本における女性解放の先駆が教祖であることがわかる。もちろん、教祖の行動は、人間世

界における政治を超越した神の働きであるが、当時の社会体制から見ても、社会に大きな影響を与えたことが理解できよう。

　「いざなみのみこと」が産みおろす際は、「いざなぎのみこと」も一緒に付き添っているのである。「み」が産みおろし、その子に「うを」が息をかけて回ったとされる。「産み下し毎に、親の息を掛けて産み下ろし置く」。世間でも「親の息勢かからぬ子は育たぬ」といわれるゆえんである。

　最初に産みおろされたものは、一様に五分であつたが、五分五分と成人して、九十九年経つて三寸になつた時、皆出直してしまい、父親なるいざなぎのみことも、身を隠された。

　「一様に五分であつた」とは、大きさとともに、男女半々の意味も含まれるであろう。

　「九十九年経つて」とは、百に達して元に戻る前の意味である。すなわち「百という字の意（こころ）は、白紙に戻り一より始めるを謂（い）う」（昭和61年1月の教祖百年祭を前に、昭和56年1月26日発布された諭達第3号・中山善衛3代真柱）とのことからわかるように、白紙に戻る前の最後の時点、到達点を意味すると考えてよいであろう。

　「三寸」は、五分で産まれた時の6倍であり、六台初まりの意味でもある。

第8　創造には男の理

　「父親なるいざなぎのみことも、身を隠された」ことからわかるのは、人間を創めるための宿し込みは1回だけであり、「いざなぎのみこと」は、最初の産みおろしの際に付き添っただけで身を隠され、以後、何らの関与もされないのである。すなわち、「いざなぎ

のみこと」は、最初の宿し込み後、「いざなみのみこと」とともに
3年3月留まり、75日かかっての産みおろしを共にしたところで
身を隠されている。2回目の宿し込み以後はおられないのである。

　このことは、無から有を生じさせるときには、男の理が必要であ
ることを示している。

第9　継続には女の理

> 　しかし、一度教えられた守護により、いざなみのみことは、更に
> 元の子数を宿し込み、十月経つて、これを産みおろされたが、この
> ものも、五分から生れ、九十九年経つて三寸五分まで成人して、皆
> 出直した。

　「いざなみのみこと」は、「いざなぎのみこと」が身を隠されたあ
とも人間を産み続けるのである。

　この「いざなみのみこと」の働きなくして、今の人間は存在でき
ないのであり、このことから、創造に男の理が必要であるのと対比
し、継続は女の理によってなされることが明らかにされている。

　たとえば、教会設立に際しても、設立時には男性的な行動、勢い
がなければならないが、いったん設立されれば、その後は、いわば
女性的なこまやかな心遣いで信者などの人々に接して包み込むやさ
しさなどが教会の充実に必要とされることに表れる。

　2回目の宿し込みから産みおろしまでの時間は十月となり、今の
人間とほぼ同じとなる。2回目の産みおろし後は、1回目より五分
成長し、三寸五分まで成長する。いったん出直したあと、前より少
し成長することが示されている。ここから、出直し自体にも希望が
与えられていると考えることができよう。

　また、離婚、破産、倒産、刑事事件など何らかの事情により、そ
れまでの生活をいったん終了し、やり直すほかないとき、やり直し

後は、以前より一歩進むことを信じることができるであろう。

　三寸五分は、最初の産みおろしの時の五分からの7倍である。7という数は、「たいしょく天のみこと」の切る理を示す。

　2回目の産みおろしの時は、子だけの出直しであることに注目すべきである。1回目は、父親なる「いざなぎのみこと」が身を隠され、3回目の産みおろしのあとには、母親なる「いざなみのみこと」が身を隠されるのである。この2回目だけが親の出直しと無関係ということは、教祖の雛型に照らし合わせると興味深い。

　すなわち、1回目の、父親なる「いざなぎのみこと」が身を隠されたことは、嘉永6年、教祖56歳の時の夫善兵衛（「いざなぎのみこと」の魂）の出直しと重なる。この道が弘まりだす直前である。

　2回目に子だけが出直したのは、元治元年、教祖67歳の時の、つとめ場所の普請中に起きた大和神社事件と重なる。元治元年、つとめ場所の棟上げのお祝いに、山中忠七が自宅に高弟を招待することにした際、教祖から「行く道すがら神前を通る時には拝をするように。」と言われたことを守り、大和神社の境内で、持っていた太鼓、拍子木などを打ち鳴らして「天理王命」と唱え続けた。その時、大和一国の神職取締の守屋筑前守が京都から戻って祈祷中であったため、不敬ということで全員が3日間留置されてしまった。

　この事件により「まだ日の浅い信者の中には、このふしから、不安を感じて落伍する者も出て、そのため、折角出来かゝって居た講社も、一時はぱったりと止まった。」（天理教教会本部編『稿本天理教教祖傳』58頁）ことに対応できるであろう。永尾芳枝によれば、「熱心な人達まで、いづんで、道は丁度消えた様なもので誰一人寄ってくる人もないと言ふてえゝ位やった。」（飯降・前掲復元3号118頁）ほどであり、まさに皆出直したと同様であった。

　3回目の産みおろし後に母親なる「いざなみのみこと」が身を隠されたことは、明治20年2月18日（陰暦正月26日）、教祖が90歳で身を隠されたことと対応するであろう。命捨ててもと、覚

悟と決心を固めた者たちが 12 下りのおつとめをつとめられたのを見て息を引き取られた教祖のお姿は、にっこり笑うて身を隠された「いざなみのみこと」と重ねることができる。

> そこで又、三度目の宿し込みをなされたが、このものも、五分から生れ、九十九年経つて四寸まで成人した。その時、母親なるいざなみのみことは、『これまでに成人すれば、いずれ五尺の人間になるであろう』と仰せられ、にっこり笑うて身を隠された。そして、子等も、その後を慕うて残らず出直してしもうた。

　四寸まで成人したことについては、四寸は、最初の産みおろしの時の五分からの 8 倍である。8 という数は、「をふとのべのみこと」の引き出しの理を示す。

　「いざなみのみこと」は、このあと「にっこり笑うて身を隠された」のであるが、人間は生れ変りを繰り返し、いずれ五尺の人間になるのである。引き出しの守護あればこそである。

　「にっこり」と四寸につき、「四寸の理と、にいこり笑ふた理を以て、生れ出る所も二寸に四寸、又、死に行く穴も、二尺に四尺と云ふなり。」（吉川・前掲復元 15 号 17 頁）とするものがある。出産の時の生れ出てくる場所と、出直しの際、土に埋葬する墓穴の大きさの共通する数を言ったものである。まさに、**「始めた理と治まりた理と、理は一つである。」**（おさしづ明治 29 年 2 月 29 日）という意味であろう。

　そのあと、子等も、後を慕って残らず出直したことにつき、親が先に身を隠すことで、子どもたちに後をまかせる、ということを意味していると解釈できよう。あるところまで育てた後は、子どもにまかせて、親は黙って見ていよ、と教えられていないだろうか。

　これ以後は、親なる神からの直接の仕込みはないことに留意しなければならない。

第10　元の理は進化論でないこと

　親神は、人間を創造されるにあたり、まず最初に今の人間の姿をした5分の大きさのものを産み出され、99年毎に3回の出直しを繰り返してから、次に述べるような虫、鳥、畜類などの形を経て、5尺の人間にして下されたことに留意しなければならない。

　この点を心に留めずに元初まりの話を聞くと、虫、鳥、畜類から猿へ、そして人間へと、あたかも進化論のごとき経過で人間が産まれてきたと誤るからである。

　人間は、最初に産み出された時から人間であったのである。それからは、親神の深い思惑から、すべての生き物の生き方を身のうちで体験することになるのである。

　人間の生活、経済活動による地球環境の変化によって多くの動物が滅んで行くことは、人間が神によって体験してきた動物、すなわち人間自身を滅ぼしているものと解することができる。

　まさに、

　「このはなしほかの事でわないほとに　神一ぢよでこれわが事［この話は、決して他人事ではない。親神の思いに沿いきって通ろうとする者にとって、この話は我が事である。］」（おふでさき1号50）なのである。

> 　その後、人間は、虫、鳥、畜類などと、八千八度の生れ更りを経て、又もや皆出直し、最後に、めざるが一匹だけ残つた。この胎に、男五人女五人の十人ずつの人間が宿り、五分から生れ、五分五分と成人して八寸になつた時、親神の守護によって、どろ海の中に高低が出来かけ、一尺八寸に成人した時、海山も天地も日月も、漸く区別出来るように、かたまりかけてきた。

　この部分には、数が多く出てくる。それぞれに意味があるように

思われる。

「八千八度」とは、八を重ねることであり、8の理である「をふとのべのみこと」の引き出しを意味していると解することができる。

第11　「虫、鳥、畜類」の順序

前述（図表2（31頁））の脳神経のうち、視神経について興味深い事実がある。視神経のすべての神経繊維は、鳥類までは中脳で終止するが、哺乳類、すなわち畜類になるとその一部の神経繊維が間脳に届くようになり、ヒトでは、ほとんどすべての視神経が大脳にまで届くようになる。生物学的にも虫、鳥、畜類の順序で人間に近くなるのである。

視神経、すなわち「くにとこたちのみこと」の守護が虫、鳥、畜類の順序を経て、「五尺の人間＝一人前の人間」に届くようになると解することもできよう。

第12　八千八度の生れ更り

「あらゆる」という意味で使われる「八百万（やおよろづ）」などと同様に、あらゆる生き物として生きた、それだけの生き物を人間は経由、経験してきた、という意味に解釈できよう。すなわち、この世界に生きるあらゆる生き物と人間はつながっているのであって、人間の活動を原因とする地球環境の変化によって絶滅したり、生存が脅かされている生き物の問題は、人間自体の問題であることが、元の理から理解することができるのである。

八千八度の生れ更りの年限は九千九百九十九年であり、そこで、皆出直して、めざるが一匹だけ残った。

「めざるが一匹だけ残った」とは、「くにさづちのみこと」の理であり、「女一人」すなわち教祖を象徴していると考えられる。ただ、

この「めざる」も哺乳動物の猿そのものを指しているものでないことは、この時点ではまだ水中の住まいであることからわかる。めざる一匹から以後の世界、人間が出来てくることに意味があるのであって、このことが、教祖一人からこの道が始まったことを表していると考えられる。

　「男五人女五人の十人ずつの人間」が宿ったことは、かぐらづとめの人衆の数であり、いよいよ、つとめの理が明らかにされてきたものと考えてよいであろう。

　「八寸になつた時」とは、「十分」の手前八分目の意である。また、甘露台の基礎の1段目と2段目の厚さが八寸であり、また、1段目の差し渡し3尺の八分目である2尺4寸が2段目の差し渡しである（図表4（49頁））。

　この意味で、「八寸」は、基礎、土台の意味にも取ることができ、このことは、どろ海の時代から、今の世界、すなわち、海山、天地、日月の基礎である高低が出来始めたことを表象していると考えられる。

> 　そして、人間は、一尺八寸から三尺になるまでは、一胎に男一人女一人の二人ずつ生れ、三尺に成人した時、ものを言い始め、一胎に一人ずつ生れるようになつた。次いで、五尺になつた時、海山も天地も世界も皆出来て、人間は陸上の生活をするようになつた。

　「一尺八寸迄成長してから、子が親となりて元の人数生揃い」といわれ、ここで、元初まりの時の子数、九億九万九千九百九十九人に戻るのである。

　九億九万九千九百九十九人の数が変化するかどうかにつき、教祖は、「元は、九億九万九千九百九十九人の人数にて、中に、牛馬に落ちて居る者もあるなれど、此世はじめの時より後に、いきものが出世して、人間とのぼりてゐるものが沢山ある。それは、とりでも、けものでも、人間をみて、あゝうらやましいものや、人間になりた

図表 4　甘露台

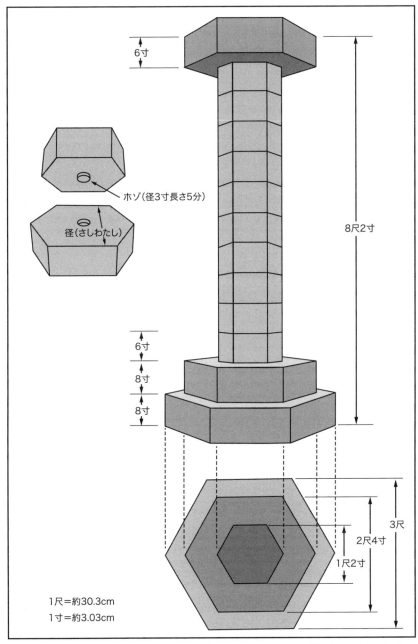

ホゾ（径3寸長さ5分）

径（さしわたし）

6寸

8尺2寸

6寸
8寸
8寸

3尺
2尺4寸
1尺2寸

1尺＝約30.3cm
1寸＝約3.03cm

改訂天理教事典（第三版）、道友社編『ドキュメントかんろだい物語』を元に作成

いと思ふ一念より、うまれ変り出変りして、だんゝゝ、こうのうをつ
むで、そこで、天にその本心をあらはしてやる。すると、今度は人
間にうまれてくるのやで、さういふわけで、人間にひき上げてもら
うたものが、沢山にあるで」とお答えになっている（諸井政一『正
文遺韻抄』153頁（1993年、天理教道友社））。

第13　18という数

「一尺八寸」すなわち、18という数字は、教祖が明治7年以来、
身を隠される明治20年の前年、明治19年陰暦正月26日に櫟本
分署から帰られた最後の御苦労までの拘留、留置された合計回数
18と重なるのである。

親神は、人間を成長させるための道程として教祖に御苦労の道を
通らせ、教祖は我々人間のため、御苦労をいそいそと通って下さっ
たのだ。まさに、教祖こそ人間、人類の親である。

また、18は、かぐらづとめの「**あしきをはらうてたすけたまへ　て
んりわうのみこと**」を18回繰り返したところで合図木がはいり、
以後の3回、「たいしょく天のみこと」が「切る理」の手振りをす
ることとの関連も考えられる。3回の3は「くにさづちのみこと」
の「つなぎの理」を意味するものであり、「たいしょく天のみこと」
の「切る理」と「つなぎの理」が密接に関連していることがわかる。

なお、人間の平時の呼吸は1分間に約18回、海岸へ押し寄せる
波の回数も約18回といわれている。神の身体である地球の息遣い
のようにも見える波動と人間の息遣い、呼吸の回数と、教祖の御苦
労の回数が同じというのは、興味深い。

「男一人女一人の二人ずつ」生れることは、元初まりの時の夫婦
雛型を示していると考えられる。

ものを言い始めた時は、まだ水中の住まいであることに留意しな
ければならない。すなわち、水中の住まいである時は、まだ知恵の

仕込みもなされていないのである。ことばは知恵がなくても発する
ことができることを示されている。

　「一胎に一人」生れることで、ようやく人間として完成したこと
となろう。

　「五尺になつた時、海山も天地も世界も皆出来て、人間は陸上の
生活をするようになった」とは、3つの意味がある。

　1つ目は、母親なる「いざなみのみこと」が「『いずれ五尺の人
間になるであろう』と仰せられ、につこり笑うて身を隠された」、
その五尺になったことである。五尺になって人間としての身体が完
成したという意味である。

　五尺の人間になると、最初の産みおろしの時の五分からの 10 倍
である。10 は、十分、一人前の意味に解される。これを、「成人し
た心遣いのできる人間」を指しているとする解釈がある（荒川善廣
『「元の里」の探求』76 頁）。

　2つ目は、この時から人間は、陸上の生活、すなわち、立って歩
く生活を始めたことである。現在の人間の生活が始められたという
意味である。

　3つ目は、人間の成長とこの世界、この世の成長が一緒、あるい
は同時であることである。特に、このことは、この世、地球が人間
の成長との同時性があるということであって、人間が神から直接造
られた子どもであり、神性を有していると同じく、人間を取り巻く
この世界（宇宙も含む）、環境も神性を有していることが示されて
いるといえよう。

　このことを明らかにされたのが、次のおふでさきである。

　「**たん／＼となに事にてもこのよふわ　神のからだやしやんして
みよ** ［いろいろとどんなことでもこの世は神の身体であるというと
ころから思案してみよ。］」（おふでさき3号40、3号135）

　このおふでさきだけが、同文同字で2回出てくるものであり、親
神は、人間を取り巻くこの世界を「神のからだ」と教えられた。ここに、

人間が神のふところ住まいであることが明らかにされたのである。

　なお、文字の使い方が異なるが、同じ内容のおふでさきはもう一つある。

　「どのようふな事でもさきへ（ゑ）しらしをく　あとで（て）こふくハいなきよふにせよ ［どんな事でも予め知らせておくから、神の思いに沿うように心の向きを変えておくようにして後で後悔しないようにせよ。］**」**（おふでさき１１号４６、（　）は１２号３９）

　　この間、九億九万年は水中の住居、六千年は智慧の仕込み、三千九百九十九年は文字の仕込みと仰せられる。

　人間として完成し、陸上の生活をし始めてから、神は知恵の仕込みをされ、その後、最後に文字の仕込み、すなわち学問を教えられたのである。

　この順序、時間の長短には奥深いものがある。生物としての人間になるまでに九億九万年をかけ、その後、人間として、神の思いがわかるように導くのが知恵の仕込みであり、学問は知恵がついてからの仕込みである。しかもそれぞれにかかる時間は、知恵の仕込みの方が二千年以上長いのである。

　まだ知恵が身につかないうちの文字の仕込みは、神の摂理に反することを明らかにされているといってよい。また、人間としての生き方を学ばずに、文字の仕込み、学問に走る時、その学問は社会性を持たず、却って社会に害悪をもたらすことになる。地下鉄サリン事件の実行犯が有名大学出身の高学歴者ばかりであったことが想い起こされる。「学問のできる愚か者」と「学問はないが賢い人」のどちらが神の目にかなうか、答えは明白であろう。

第5章

みかぐらうたの解釈

第1 第1節

1●悪しきをはらう

あしきをはらうてたすけたまへ
てんりわうのみこと

> この世の中に生じている、ありとあらゆる身上、事情のもとに
> なっている『悪しきこと』をはらって、身上、事情に苦しんでい
> る人、あるいは世界をたすけて下さい、天理王命様。

　人間から神へのお願いである。

　自分で「あしきをはらう」ので、どうかたすけてほしいと神に願
う、との解釈がある。しかし、その解釈では「はらうて」の説明が
できない。人間自らがはらうのであれば、「はらうので」といった
表現にされるはずである。そこで、ここは、「はらうてたすけたまへ」
として、一つの文章としてみるべきである。

　このことは、「あしきはらいのさづけ」が、「あしきはらいたすけ
たまえ」と唱えることからも明らかである。

　そこで、上述の意味をより詳しくいえば、「私は、日常生活の中で、
積んでしまったほこりをはらい、他人をたすけ、ひのきしんに励み、
神一条の精神を定めますから、どうか世界の人々、あるいは（今た

すけにかかっている特定の）人の悪しきことをはらっておたすけ下さい、天理王命様」となる。

　こう解釈することで、人間の出来ることと、たすけをしてもらう目的あるいは意味が明確になるのだ。

　「あしき」については、次のおふでさきがある。

　「一れつにあしきとゆうてないけれど　一寸のほこりがついたゆへなり［元々、どこにも悪というものはないけれども、ちょっとしたほこりの心づかいでも払わないでいると、世間でいう悪というものになってしまう。］」（おふでさき1号53）

　このようにほこりをはらわないでおくと「あしき」になるのである。ほこりは人間でもはらえるが、「あしき」になるともう親神にはらっていただくしかない。

　すなわち、親神でなければ悪しきをはらっていただけず、人間ができることは、ほこりをはらったり、ひのきしんに励み、心を定めて、ただ祈ることだけであり、また、たすかるということは、あらゆる「悪しき」をはらってもらった状態、つまり、心が澄み切った状態であることがわかる。

　心が澄み切ると、自分に見せられるあらゆることについて喜べるようになるのだ。

　「心さいすきやかすんた事ならば　どんな事てもたのしみばかり［心さえ透きやかに澄んでいたならばどんな事でも楽しむことができる。］」（おふでさき14号50）

2 ● 8つのほこり

　人間が払わなければならない8つのほこりについては、次のように説明されている。これは、以前、別席の話を聞く前に受ける「初試験」で、8つのほこりについて暗唱しなければならなかった内容である。

　［　］は、現在、説明されているものとして、『ようぼくハンドブッ

ク49頁（2015年、天理教道友社）』から要約したものである。

① **おしいと申しますは**、すたるものを惜しむのはよろしいなれど、出し惜しみ、骨惜しみが埃となります。[心の働き、身の働きを惜しみ、納めるべき物を出し惜しむ。嫌なことを人にさせて自分は楽をしたいという心]

② **ほしいと申しますは**、価をもって欲しがるのはよろしいなれど、価もださず、働きもせず欲しがる心が埃となります。[努力を怠り、十分な働きもしないで金銭を欲しがり、何によらず、あるが上にも欲しいという心]

③ **かわいいと申しますは**、隔てのない可愛いはよろしいなれど、身びいき、身勝手から愛に溺れるのが埃となります。[自分さえよければ人はどうでもよい、我が子への愛に引かされて間違ったことも注意せず、気ままにさせておく心]

④ **にくいと申しますは**、罪を憎むのはよろしいなれど、人を憎む心が埃となります。[人の助言や忠告をかえって悪く取ってその人を憎む心]

⑤ **うらみと申しますは**、我が身我が心の至らぬところを恨むはよろしいなれど、人を恨む心が埃となります。[体面を傷つけた、望みを妨げたと、自分の不徳を思わず、人を恨み、根に持つような心]

⑥ **はらだちと申しますは**、理非を立てるのはよろしいなれど、勝手癇癪から腹を立てるのが埃となります。[理を立てず、我を通し、相手の言い分に耳を貸そうとしないで腹を立てるような心]

⑦ **よくと申しますは**、至当の欲はよろしいなれど、強欲、貪欲などが埃となります。[人より多く身につけたい、取れるだけ取りたいという心。何によらず人の物をただ我が身につけるのは強欲。色情に溺れるのは色欲]

⑧ **こうまんと申しますは**、知っていることを人に教えるはよろ

しいなれど、人を見下し、高ぶる心が埃となります。[富や地位をかさに着て人を見下し、踏み付けにする。また、頭の良いのを鼻にかけて人を侮り、人の欠点を探す、あるいは知らないことを知ったふりをするような心]

この8つのほこりは、後になるほこりほど重いものと考えられる。すなわち、初めは、自分の持っている「物」を出さないこと（おしい）から始まり、次は他人のものを欲しがり（ほしい）、次は対象が「人」になって、我が家、我がためについての「かわいい」から、他人への「にくい」へと広がる。そして、深く心に入り込み、「うらみ」となるが、まだ、その思いは外には表現されずに自分だけに止まっている。それが外に出て「はらだち」となり、これらの心遣いの大本が、「よく」である。ところが、これらの心遣いを自分だけはしていないとの心得違いをしている者がある。これこそが「こうまん」であろう。

なお、これらの順については、おしい、ほしい、にくい、かわいい、とするものもある。ただ、おふでさきに「**このみちハをしいほしいとかハいと　よくとこふまんこれがほこりや**[この道は惜しい欲しいと可愛いと欲と高慢これがほこりである。]」（おふでさき3号96）とあることから、本文の順でよいと考える。

このような8つのほこりを、毎日払う努力をし、その結果、心が澄み切ることができることこそ守護であって、神によって澄み切らせていただくことがありがたいのである。

「**十ド このたびむねのうち　すみきりましたがありがたい**」（4下り目十）

この、神への願いを自分自身のためではなく、身上、事情に苦しむ特定の他人あるいは世界一般のために行うことが、「人をたすけて我が身たすかる」の真の意味なのである。

朝晩あるいは折にふれつとめることが、ようぼくの義務といえるだろう。

　なお、「誠一つが天の理」「二つ一つが天の理」「順序一つが天の理」「成ってくるのが天の理」であって、おつとめは、これら「天の理」に対応する、との中臺勘治先生（報徳分教会）のご示唆によれば、この**「あしきをはらうてたすけたまへ　てんりわうのみこと」**は、「誠一つが天の理」となる。上記のように解釈すれば、21 回も他の人のために祈ることとなり、誠そのものといえるであろう。また、中臺先生によれば、第 2 節が「二つ一つが天の理」であり、第 3 節が「順序一つが天の理」そして、第 4 節、第 5 節をつとめた結果、表れてきた姿、守護が「成ってくるのが天の理」ということとなろう（中臺勘治『みかぐらうた』22 頁（2005 年、「にほんばし」編集部日本橋大教会）など参照）。

　21 回の回数については、3 回掛ける 7 回として、「3 ＝くにさづちのみこと＝つなぐ理」と「7 ＝たいしょくてんのみこと＝切る理」を象徴するとの説、十柱の神名を一柱ずつ祈念しながら 2 回唱え、最後に親神天理王命を祈念するとの説など、いろいろな悟り方が示されている。

　ただ、かぐらづとめでは、18 回で合図木が入り、残り 3 回が「たいしょく天のみこと」の切る理を表す手振りにかわること、さらに、第 3 節の**「あしきをはらうてたすけせきこむ　いちれつすましてかんろだい」**が、7 回掛ける 3 回であることと対比すれば、ここは、3 回掛ける 7 回とし、つなぎ（3 の意）を繰り返すことで悪いんねんを切ってもらうと考えたらどうであろうか。

　また、元の理を基本に据える考えからすれば、十柱の神名の向かいあっているものを 2 回繰り返し、それで 20 回、最後にぢば甘露台の理で計 21 回と考えることもできよう。

　たとえば、北から東（右）回りで、

①　「くにとこたちのみこと」「をもたりのみこと」

②　「たいしょく天のみこと」「かしこねのみこと」

③　「くもよみのみこと」「をふとのべのみこと」

④　「くにさづちのみこと」「つきよみのみこと」
⑤　「いざなぎのみこと」「いざなみのみこと」
⑥　ぢば甘露台

を、思い浮かべるのである。

第2　第2節

1 ●神からの話しかけ

> ちよとはなしかみのいふこときいてくれ
> あしきのことはいはんでな
> このよのぢいとてんとをかたどりて
> ふうふをこしらへきたるでな
> これハこのよのはじめだし
> なむてんりわうのみこと
> ーーよしよし

> 　ちょっと話をする。たすけてもらいたいなら神の言うことを聞いてもらいたい。人間にとって悪いことは言わないから。この世界の地と天を表象して人間の夫婦というものを造った。夫婦こそがこの世、世界の初まり、基礎、基本である。

　神から人間への話しかけである。

　第1節で、人間からたすけを求められた、あるいは願われたことに対し、神からの、「たすけてもらいたいなら神の言うことを聞いてもらいたい。人間にとって悪いことはいわないから。」との返事である。神の言うことが悪いはずはないのはいわば当然であるのに、あえて、悪いことは言わないと宣べておられるのは、次のような意味がある。

　すなわち、これまで（立教の天保9年10月26日以前）の神々や聖人（これらも親神が人間の成人に応じて世界に送り出したものであるが）の述べたこととは異なること、たとえば、人間の身体は神の貸しものであり、心だけが自分のものであること、人は死ぬのではなく、またこの世に生れ変わってくること、人間世界に起こる悪しきことはすべて神からのメッセージであり、この悪しきの原因はすべて8つのほこりから生ずるのであるから、これらのほこりを毎日はらうこと、そして、人間の真の親は天理王命であることなど、今までに人間が聞いたことのない話をするが、これらは決して間違ったことではなく、人間が一人前に成人するために必要な話であるということを、こと改めて宣べられたものである。

　そして、その最も大事な話の1つが「この世界の地と天を表象して人間の夫婦というものを造った。夫婦こそがこの世、世界の初まり、基礎、基本である」ということである。

　地と天は、神のことでもある。

　「このよふのぢいと天とハぢつのをや　それよりでけたにんけんである［この世の元、地、すなわちをもたりのみことと、天、すなわちくにとこたちのみこととは実の親ともいうべきものである。それから人間というものが生み出された。]」（おふでさき10号54）

　このおふでさきと第2節を併せ考えれば、神は、創造という機能を夫婦にたとえられている。

　なお、ここで、「ぢいとてん」として、普通、天地というところを逆に表現されていることは興味深い。地が台、基礎という意味で先に出てくるのであろうが、世上でいう「天地」と異なり、女性を表象する地が天より先に出ることに神の深い思いを感じる。

　紋型ないどろ海の中から地と天、すなわち、まず、世界を造り、それを象って夫婦というものを造った、というものであり、ここに、世界と人間によって世界が初まったことを明らかにされている。

　なお、ここでいう夫婦とは、元初まりの時の夫婦の雛型である「い

ざなぎのみこと」、「いざなみのみこと」のことである。この夫婦から人間世界が初まったのであって、天理教においては、神の教えの基本に夫婦が置かれているのである。

　夫婦については、

「せんしよのいんねんよせてしうごふする　これハまつだいしかとをさまる［親神は前生からのいんねんある魂のもの同士を夫婦として守護する。それで末代までしっかりと治まる。］」（おふでさき１号74）

とのおふでさきがある。親神の深い思惑から、前生からのいんねんある者同士を夫婦として組み合わされたことを考えれば、夫婦がしっかりと心を合わせ、お互いを尊重すべきことは、神に対する人間としての義務と言えるかもしれない。

　夫婦こそ対等平等の横の関係であり、従来の身分制度、主従や親子関係といった貴賎、優劣、序列の上下関係を否定しているところに、天理教が窮極（だめ）の教えであり、その教理が普遍性、先進性を持ったものであることがわかる。

２●手振り

　かぐらづとめでは、全員がほぼ同じ手振りで、約３歩前進後退しながらつとめるが、「くにとこたちのみこと」「をもたりのみこと」「いざなぎのみこと」「いざなみのみこと」は、「ふうふをこしらへきたるでな」のところで、「あしきをはらうて」の「みこと」の手振りを振る。

３●夫婦と甘露台

　天理教の教えの基本に夫婦が置かれていることは、甘露台の形状にも表れていると考えられる（図表４（49頁））。すなわち、甘露台は１本の柱ではなく、基礎が２台（１段目は差し渡し３尺、２段目は差し渡し２尺４寸、厚さはいずれも８寸）、その上に10段が重

ねられ、最上部に2段目と同じ差し渡し2尺4寸（厚さ6寸）の六角形の石がのせられる。

　そして、計13段の石は、中心部にほぞ（直径3寸、長さ5分）があり、それが下の石の穴におさまって柱のようになる。この2段で一つの組み合わせが五組、すなわち10段ということであり、上から突く「つきよみのみこと」が仕込まれた「いざなぎのみこと」と、下で受ける「くにさづちのみこと」が仕込まれた「いざなみのみこと」の夫婦雛型が甘露台の構成の基本となっていることがわかる。

4 ● 天理教における人間関係

　天理教における上下関係は、親神と人間の関係だけであり、人間同士の間は、「いちれつきょうだい」なのである。ただ、神と人間の関係においても、絶対の服従を求められているわけではなく、「**にんけんもこ共かわいであろをがな　それをふもをてしやんしてくれ**〔人間も子ども可愛いであろう。親神にとってお前達は皆かわいい子どもなのだ。それを思うてよく思案してくれ。〕」（おふでさき14号34）、「**これをはなーれつ心しやんたのむで**〔これまで述べてきたことを、誰もがよく思案するよう頼むぞ。〕」（おふでさき17号75）というように、子どもである人間の自立を認め、自由意志を尊重され、神から人間へ「しっかり思案するよう頼む」とまでおっしゃっておられるのである。

　また、人間の親子の関係についても、子どもに対し無条件に親に従うよう命ずるのではなく、「**親というものはどれだけ鈍な者でも、親がありて子や。子は何ぼ賢うても親を立てるは一つの理や**」（明治22年10月14日おさしづ）と宣べられ、子が親を鈍な者であることを見極めた上で、それでも親を立てるのが正しい筋道だ、として、親子間も本質的に平等であることを明らかにされている。これに加え、夫婦、兄弟姉妹の関係もお互いを尊重することを教えられている。

「をやこでもふう／＼のなかもきよたいも　みなめへ／＼に心ち
がうで［親子でも夫婦もきょうだいも皆めいめい心は違うで。]」（お
ふでさき5号8）

第3　第3節

> あしきをはらうてたすけせきこむ
> いちれつすましてかんろだい

> 　人間が自ら身につけてしまった『悪しき』を、神がはらってた
> すけを急いでいる。その結果、世界中の人間の心は澄み切り、甘
> 露台世界、すなわち、陽気ぐらしの世界が実現する。

　神から人間へ、神の守護とはどのようなものであるかについての
答えである。

　たすかるというのは、目に見える現象としての身上や事情を解決
してもらうことではなく、心が澄み切ることであると宣べられてい
る。まさに「すみきりましたがありがたい」のである（4下り目十）。

　また、陽気ぐらしの世を「ごくらく」と表されており（4下り目
九つ）、「こゝろすみきれごくらくや」（10下り目四つ）は、心が澄
み切ればごくらく、すなわち、陽気ぐらしの世が実現することを示
されている。

　ここで、陽気ぐらしの世界とは、すべての人間が甘露台を中心と
した、神の深い思いに従って生活している秩序ある世界を言う。

　第1節から第3節までは、かぐらづとめとして唱えられるもので
あり、神と人間の対話の形式をとりながら、世界がたすかるための
壮大な祈りが、ぢばを中心にして繰り広げられるのである。

　かぐらづとめでは、「あしきをはらうてたすけせきこむ　いちれ
つすましてかんろだい」7回を3回繰り返す。これは、第1節で3

回掛ける7回と解したこととの対比で、切ること（7の意）を繰り返すことで悪いんねんを切りかえてもらい、善いいんねん、いわゆる、白いんねんにつながる（3の意）と考えたらどうであろうか。

第4　第4節

　第4節からは、ておどりの地歌として唱えられるが、具体的に人間が陽気ぐらし世界を実現するための心の持ちよう、考え方、行動を教えられている。

　第4節と第5節の6下り目までをておどり前半、第5節の7下り目から12下り目までをておどり後半としている。

　前半と後半では著しい対照をなす。すなわち、後述する各下り目と十柱の神名との対応で、前半は「くにとこたちのみこと」「をもたりのみこと」以外では、「くにさづちのみこと」と「つきよみのみこと」の、それぞれ男女一の道具を表象する神名だけが出てくるのみである。そして、後半の神名は、すべて、「くにとこたちのみこと」と「をもたりのみこと」と胴尾で結ばれているのである。詳細は、第5節で説明する。

　　よろづよのせかい一れつみはらせど
　　　　むねのわかりたものはない
　　そのはずやといてきかしたことハない
　　　　しらぬかむりでハないわいな
　　このたびはかみがおもてへあらハれて
　　　　なにかいさいをときゝかす
　　このところやまとのぢばのかみがたと
　　　　いうていれどももとしらぬ
　　このもとをくはしくきいたことならバ
　　　　いかなものでもこいしなる
　　きゝたくバたづねくるならいうてきかす

　　　よろづいさいのもとなるを
かみがでゝなにかいさいをとくならバ
　　せかいーれついさむなり
ーれつにはやくたすけをいそぐから
　　せかいのこゝろもいさめかけ

　これまで世界、人間ができてから長い時間が経過したが神の本当の思いをわかっている者はいない。

　それも無理のないことであって、神はこれまで、その思いを人間に直接に説いて聞かしたことはなかった。

　しかし、この世を始めた時の約束により、天保９年（1838年）陰暦10月26日以降、神が教祖中山みきの口を借りて表に現れ、この世の元初まりについての一切の真実を説き明かし、聞かすこととした。

　このところは、大和（日本）のぢばの神形であると言っているが、その本当の理由を誰も知ってはいない。

　そこで、なぜ甘露台がぢばのしるしとして立っているのかという、根本のわけを詳しく聞けば、その話を聞いた者は誰でも、このぢばが恋しくなり、帰って来ずにはいられなくなる。

　この元の話を聞きたければ、神（ここでは教祖）のもとをたずねてくればよい。そうすればこの世の元初まりのすべての話を言うて聞かせよう。

　神が表へ出て、この世の元初まりの話を説いたなら、世界中は、すべてのことが神のはからいであり、陽気ぐらしが生きる目的であることを知り、心が勇んでくる。

　このように、神は、自らが現れて、これから神の子どもである人間をすべて一人残らずたすけたいとたすけを急ぐから、世界中の人間の心も勇めかけるようにする。

　神から人間への最初の宣言である。これから元初まりの真実の話をするので、人間もよく聞き、勇んでもらいたい、との趣旨である。

　出だしの「よろづよ」は、左足から一歩踏み出す。これは、十柱の神名の最初の「くにとこたちのみこと」を表象しているものと考えられる。以下、12下りは、いずれも一ツは左足を踏むことから始まる。なお、2下り目の最初と、4下り目の二ツは例外であるが、その理由については、それぞれの解説を参照されたい。

　「むねのわかりたものは（ハ）ない」は、第5節9下り目九ツにも出てくるが、ここではそこの手振りと異なり、「わかりた」で前方に手を開く。これは、何も知らないので無理もないとしているため、手は前方に開く、つまり、これから神の胸の内を見せようという形と捉えられる。しかし、9下り目九ツでは、すでに立教以来30年もの長きにわたり教え、話し続けたにもかかわらず、まだわからないのかという神の残念、もどかしさを表すかのように、手を上方に開くと解釈できよう。

　「神形」は、「神館」とする解釈もあるが、きりなし普請で神の館そのものは常に変遷するものであり、また、神のおわす館全体を示す意味は「やまとのぢばのかみがた」との表現、すなわち「やまと」という広い地域（日本を意味すると考えればさらに広い）から「ぢば」という1点に収束してきた上での「かみがた」を考えれば、ぢばを顕現する「甘露台」を表していると見るべきである。

　なお、たとえば「おぢばがえり」のように、「ぢば」を甘露台のある周辺全体（天理市や神苑）を指すことがあるが、みかぐらうたの中の「ぢば」は、すべて甘露台の据えてある元初まりの場所を示している。

　以上のところから、「かみがた」は、神を形として具現したもの、すなわち「甘露台」と理解すべきであることがわかる。ぢば、すなわち天理王命の目印として据えた甘露台は、神のしるしであると言ってきているが、その本当の理由を知った者はいない、という意味である。

　「いかなものでもこいしなる」の表現こそ、天理教の神観、すな

わち、神と人間が親子であることを端的に示している。幼子が親を恋しく思い、いつも眼で追っている姿、ちょっとでも見えなくなるとべそをかいて親を探す姿、これこそが「こいしなる」であろう。

「いさめかけ」は、神が主体となって人間の心を勇めかける、という意味であろう。たすけを急ぐから、ということを動機として、世界の人間の心を勇めにかかるということは、たすけ＝勇む心になること、と解することができよう。

このたび窮極（だめ）の教えを明らかにした神の言うことを聞けば必ず心は勇むようになるのに、勇めないのは、人間の側に勇めない事情があるということになる。世界中の人間の心が勇むことこそが陽気ぐらしであり、神がそこへの道筋を付けられていることから、陽気ぐらしをすることは、人間の「義務」であることがわかる。

以上のように、第4節は、これから教えるみかぐらうた全体で元の理を説いて、明らかにして行くことの宣言である。

第5　第5節

1 ●みかぐらうたの総論部分

ア◆1下り目と2下り目の特徴

第5節の1下り目、2下り目は、みかぐらうたの総論であって、10柱の神名に対応することになる3下り目以降とは、質を異にする。

さづけをいただき、散財した上で心を定め、つとめをし、世界たすけの普請にかかり、誰もがこの教えを聞き、難渋している人をたすけあげれば、人間の心の悩みである身上や事情のもと、原因を切る守護を与え、陽気な世の中にしてやると宣べられている。

特に1下り目は、農作物の豊年やとりめ（穫り目）が定まるとの表現により物質的な守護を、2下り目は、病や謀反の根を切るとの表現により肉体的、精神的な守護を与えると宣べられている。

このように、1下り目と2下り目には先後がなく、一体として考

えるべきである。このため 2 下り目には、1 つがないものと考えられる。また、この 2 つの下りは、並列、すなわち、二つで一つであるため、2 下り目でも「正月」がうたわれているのであろう。むしろ、1 下り目と 2 下り目にいずれも「正月」がうたわれ、かつ、この 2 つの下りが他の下りのような七五調の形式をとっておらず、3 下り目以下と著しい対照をなしていることは、みかぐらうたを、1、2 下り目と、3 下り目から 12 下り目までの 2 つのグループに分けて考えるべきことを示唆していると解すべきである。

イ◆神名との対応

以上のように解することにより初めて、元の理に現れる十全の守護、十柱の神名とそれぞれの下り目が次のように対応していることがわかるのである。

3 下り目	くにとこたちのみこと
4 下り目	をもたりのみこと
5 下り目	くにさづちのみこと
6 下り目	つきよみのみこと
7 下り目	くもよみのみこと
8 下り目	かしこねのみこと
9 下り目	たいしょく天のみこと
10 下り目	をふとのべのみこと
11 下り目	いざなぎのみこと
12 下り目	いざなみのみこと

そして、それぞれの下りのみかぐらうたの中に、上記のように対応する神名を象徴、表象するおことばや、動作（手振り）が出てくるのだ。

ウ◆1 下り目と 2 下り目の形式について

これにつき、「和歌態調を破っている点等も和歌調を用いられる以前の作としての名残であると云える」とする解釈がある（中山正善『続ひとことはなし　その二』17 頁（1957 年、天理教道友社））。

　12下りを同列、同等のものと解すればこの解釈は正しいもので
あろう。しかし、前述のように、第５節の１下り目、２下り目は、
みかぐらうたの総論であって、10柱の神名に対応することになる
３下り目以降とは、質を異にすると解すれば、むしろ、１下り目、
２下り目が３下り目以降と形式が異なることこそ、神のご意思であ
ることが裏付けられるのではあるまいか。神は、敢えて１、２下り
目では和歌体を用いられなかったと解すべきである。

エ◆ておどりを前半と後半に分ける意味

　第５節の１下り目から６下り目までと、７下り目から12下り目
を分ける。１下り目から６下り目に第４節を加えて前半とし、７下
り目以降を後半として、つとめ人衆が交替することにも意味がある
と考える。

　これを、単に12下りを半分に分けたと考えるべきではない。

　前述した、各下り目と神名との対照をみれば、前半と後半は、明
らかに質が異なっているのである。

　すなわち、前半は「くにとこたちのみこと」、「をもたりのみこと」
以外では、「くにさづちのみこと」と「つきよみのみこと」の、そ
れぞれ男女一の道具を表象する神名だけが出てくるのみである。

　これらの神名は、人間宿し込みの時に一つになって働かれた、月、
日、うを、み、亀、鯱の「元初まりの六だい」とか「六台初まり」
と呼ばれるもののうち、夫婦雛型のうを「いざなぎのみこと」と、
み「いざなみのみこと」を除いたものであって、しかも、この「く
にさづちのみこと」と「つきよみのみこと」２柱の神名は、後半に
出てくる神名と異なり、「くにとこたちのみこと」、「をもたりのみ
こと」と胴尾で結ばれていないのである。

　さらに、胴尾で結ばれていないかわりに、「くにさづちのみこと」
は亀、「つきよみのみこと」は鯱を、それぞれ背中に背負っている。

　元初まりの話に出てくる動物を背負ってかぐらづとめをするの
は、この２柱の神名だけである。

図表5　十柱の神名とみかぐらうた対比表

	神名・内容	方位	属性
1下り	総論（神からいただくもの、物質的守護）		
2下り	総論（人間から神への行動、身体的・精神的守護）		
3下り	くにとこたちのみこと（男）頭1つ、尾1筋の大龍	北（ね）	六台　（月）水　父性
4下り	をもたりのみこと（女）頭12、尾3筋の大蛇	南（うま）	六台　（日）火　母性
5下り	くにさづちのみこと（女）亀	南東（たつみ）	六台　皮つなぎ　女一の道具
6下り	つきよみのみこと（男）しゃち	北西（いぬい）	六台　骨つっぱり　男一の道具
7下り	くもよみのみこと（女）うなぎ	東（う）	六台　㊐　飲み食い出入り
8下り	かしこねのみこと（男）かれい	南西（ひつじさる）	六台　㊊　息吹き分け
9下り	たいしょく天のみこと（女）ふぐ	北東（うしとら）	六台　㊊　切る
10下り	をふとのべのみこと（男）黒ぐつな（蛇）	西（とり）	六台　㊐　引き出し
11下り	いざなぎのみこと（男）うを（魚）		六台　男雛型
12下り	いざなみのみこと（女）み（巳）		六台　女雛型

（羽成守作成）

　後半に出てくる神名は、いずれも動物を背負っていないかわりに、夫婦雛型である「いざなぎのみこと」、「いざなみのみこと」を除き、「くにとこたちのみこと」、「をもたりのみこと」と胴尾で結ばれているのである。

　このように、前半と後半では、それぞれの神名の形態が、明らかに異なっていることがわかるのである。

　以上のことをまとめたのが図表5（69頁）である。

2 ●一下り目

ア◆正月の意味

> 一ッ　正月こゑのさづけは
> 　　　やれめづらしい

> 　正月というのは、めでたい日であり、神様からお札や護符などをいただくことはあっても、肥のさづけをわたされるというのは珍しいことである。

　12下りのみかぐらうたの最初が「正月」からはじまっているのは、順序としての一番目の意味はもちろんであろうが、「正月」の心をも意味していると考えられる。昨日が大晦日で、一夜明けただけで正月となり、すべてが改まった気持ちとなり、心が澄み、心の底から希望と喜びが湧いてくるような正月。周囲が変わっていないのに、心の持ち方を変えるだけで喜びを持つことができることを、「正月」のおことばで表されたと解することができよう。

イ◆一ツでの重ね打ち

　「（ひとー）つ　しょ（うがつ）」で、鳴り物の拍子木は、重ね打ちとなる。一ツのところでの重ね打ちは、3下り目と11下り目にもある。

これらは、いずれも、「最初」を意味するものと思われる。

すなわち、1下り目は、みかぐらうた12下りの最初であり、3下り目は、十柱の神名とみかぐらうたがそれぞれ対応する最初で、「くにとこたちのみこと」に対応するものである。11下り目は、人間元初まりの夫婦雛型の最初の「いざなぎのみこと」に対応するものである。

二ニ　にっこりさづけもろたら
　　やれたのもしや

　そのような珍しい肥のさづけをにっこりと喜んでいただけば、神のご用をして、田畑の仕事がおろそかになったとしても何の心配もいらない。しっかりと収穫させていただくことが出来るのであって、誠に頼もしいことである。

　これは、教祖が山中忠七に、「神の道について来るには、百姓すれば十分に肥も置き難くかろう」と、肥のさづけを渡され、それを田に置いたところ、虫穂も空穂もなく、隣の、十分に肥料を置いた田よりも実収が多かった、との事跡に明らかにされている（天理教教会本部編『稿本天理教教祖伝逸話篇』13頁「12　肥のさづけ」）。

三ニ　さんざいこゝろをさだめ

　しかし、神様からいただくことだけを考えていては守護はいただけない。今、手元にある財産をすべて手放し、その上で、神一条の心を定めれば次のような守護がいただけるのである。

ウ◆「さんざいこころ」について
「さんざいこころをさだめ」については、これまで解釈が分かれ

ていた。大きく、「三才心」と「散財心」に分けられるだろう。

　しかし、ぢば周辺の方言としても「三才」を「さんざい」と読む
ことはなく、この解釈には無理がある。また、「散財心」というこ
とば自体、日本語として存在しない。

　結局、実際の地方（ぢかた）では、「さあんーに　さーんんざあ
い」で切り、「こーころをを」と歌われ、「こころ」は濁音にはな
らないことに留意すべきである。これは、「さんざい」と「こころ」
が別のものであることを如実に表している。

　立教に先立つ天保9年10月23日の寄加持の時に、「みきを神の
やしろに貰い受けたい」との思召しが示された際に、中山家につな
がる人々の話し合いの中に次のようなやりとりがある。

　「今より、この上もなき貧に落切て、夫（それ）より世界を助け
さすべしと仰あると雖も、親類共、寄集り申にハ、神やといふて、
貧に落切れと云う様な神なれバ、何でも歟でも退かさんと内々ハ申
に及バず、」というやりとりである（諸井政一「正文遺韻補遺」復
元16号5頁）。

　つまり、親神は、天降った最初の時点から貧に落ち切ることを求
められ、そうすれば世界いちれつをたすけさすとして、たすかるた
めの条件として「貧に落ち切る」ことを命じているのである。

　そのため、親類は、貧に落ち切れというような神様なら、何でも
かんでも退かそうと内々で話し合った、という。

　したがって、ここにいう「さんざい」は「散財」でなければなら
ない。すなわち、今ある、目に見える財産にこだわらず、これを手
放し、その上で神一条の心を定めよ。そうすれば、四ツ以下に宣べ
られている守護をやろう、という意味である。

　手振りもいさみの手であり、勇んで散財することを示していると
考えられよう。

　嘉永6年（1853年）頃、教祖がすべてを施し、最後に残った中
山家の母屋を売却し、取りこぼちの時、教祖は「これから世界のふ

しんに掛る。祝うて下され。」と、人夫達に酒肴を出され、それを見た近所の人が、このような陽気な家こぼちは初めてや、と言い合った（天理教教会本部編『稿本天理教教祖傳』34頁）事跡につながっていると考えられる。

四ッ　よのなか
五ッ　りをふく
六ッ　むしやうにでけまわす

四ツ、五ツ、六ツは一体として解釈すべきである。

> （一ツから三ツまでのことをすれば）世界中は、神の守護に満ちあふれ、どんなことでも願う通りに出来てくる。

なお、四ツの「よのなか」については、八ツで説明する。

七ッ　なにかにつくりとるなら
八ッ　やまとハほうねんや

七ツ、八ツも一体として解釈すべきである。

> なんでもかんでも（何も彼にも）作り、収穫するなら、ぢばの周辺（神の話しを聞いている者）は豊年になる。

なお、四ツの「よのなか」を天理市周辺の方言である「よんなか」すなわち、豊作と、解釈するものがあるが、八ツに「ほうねん（豊年）」があるので重なることとなり、この解釈はとれない。

九ッ　こゝまでついてこい

> 　このように、神のいうとおりにして、このような境地になるまで神について来い。

十ド　とりめがさだまりた

> 　そうすれば、毎年の収穫（穫り目）、すなわち、必要なだけの量が定まって守護をいただけるようになるのだ。

　九ツをうけての「とりめ」であることを考えれば、とりめが定まることこそが、神の最大の守護であることがわかる。すなわち、その者の必要なだけのものを定めていただけること、過不足なくお与えいただけること、そこには、欲が生れるはずもないことがわかるのであり、これこそが、陽気ぐらしであることを教えられているのである。

　三（ツ）で、散財せよと命じられたのは、人間心で必要以上に蓄財し、その蓄財する過程では、他人を蹴落とし、出し惜しみをするなど、ほこりにまみれた財産を集めたであろうことを見通されたものであろう。

　神の命に従えば、その者の徳にふさわしい量を過不足なくお与え下さる、とのおうたである。

3 ●二下り目

ア◆1下り目と一体

　前述のように、1下り目と2下り目の2つの下りは、神の2種類の守護につきそれぞれ宣べられているものであって、かぞえうたとしての先後はない。

　むしろ、この2つの下りは一体となって次に続く3下り目以下の、いわば総論部分をなすものであり、そのため2下り目には、1つがないものと考えられる。

　すなわち、1下り目と2下り目は、一体であって、二つで一つとなる。その結果、「正月」が両方に出てくる。そして、2下り目では一ツがないのである。

　このことは、2下り目の最初「とんとん」では、足を踏まないことからもわかる。すなわち、他の下りではすべて「ひと一つ」の地方の際、右足を踏むのである。2下り目で踏まないのは、この2つの下りは一体として考え、1下り目の延長と見るべきことの表れと解することができよう。

　1下り目が「正月こゑのさづけ」で始まり、農作物の豊年やとりめ（穫り目）が定まるとの表現により物質的な守護について宣べられていることに対し、2下り目は、病や謀反の根を切るとの表現により肉体的、精神的な守護について宣べられている。

　また、1下り目が、神から授けられる「さづけ」をいただいた時の守護を中心に宣べられていることに対応して、2下り目が、「正月をどりはじめハ」で始まっていることは、人間が出来ることを行ったことに対して与えられる守護について宣べられていると考えられる。

とん／＼とんと正月をどりはじめハ
　やれおもしろい

トントントンと、年の始めの正月に、まず、心楽しくつとめ、ておどりをつとめさせていただくことは、有り難いことであるが、何よりもおもしろいのだ。

　とんとんと二ツは、連続して解釈すると理解しやすい。二ツで説明する。

二ッ　ふしぎなふしんかゝれバ
　やれにぎはしや

> 　トントントンとつとめをし、不思議なきりなし普請にかかれば、人が集まってきてにぎやかなことだ。

　「正月」については、1下り目の一ツと同じで、正月の心について宣べられていると解してよいであろう。

　ここにいう「をどり」は、つとめ、ておどりの意味であり、「普請」は、文字どおり、やしきの普請を意味する。そして、普請に付随するひのきしんをも表現していると考えられる。

　すなわち、1下り目が、神から授けられる「さづけ」をいただいた時の守護を中心に宣べられていることに対応して、2下り目は、人間が出来ることを行った時の守護について宣べられているのである。

　ここでは、つとめや普請自体を、おもしろい、にぎわしいと楽しむことを教えられている。

　「ふしぎなふしん」は、普請をすることで不思議な守護が現れるという意味であるが、さらに、普請をすれば人が集まってくる、という意味での不思議も含んでいると解することができよう。人が集まってから普請をしようというのではなく、わずかの人数でも普請をさせていただけば人が集まってくるという不思議である。

　この道の最初の普請である元治元年（1864年）の「つとめ場所」の普請は、後の本席飯降伊蔵一人が心を定めたところ、辻忠作、仲田左右衛門、西田伊三郎らが資材の献納を申し出て始まった普請である。これを「ふしぎなふしん」というのであろう。

イ◆「ふしぎ」の手振り

　2下り目の「ふしぎ」の手振りは、投げの手である。3、5、6、8、10、12下り目の二ツの「ふしぎ」の手振りは、いずれも両手を左脇腹にあて、思案する格好である。2下り目だけが、他と異なる。

　地方も、2下り目は「ふーしーぎーな」と4拍であるが、他は、「ふしぎーな」で3拍である。

　これは、1、2下り目が一体となって次に続く3下り目以下の、

いわば総論部分をなすものであることと関連すると考えられる。

　すなわち、神から与えられる守護について宣べられている２下り目の「ふしぎ」は、「ふしぎなふしん」をすればにぎわしくなる、という結果、結論を示されているのに対し、他は、「ふしぎなつとめ」、「ふしぎなたすけ」、「ふしぎなふしん」などについて、これらの意義を教えられたり、これらをするための段取りや心構えについて宣べられているものと考えられる。まさに３下り目以下の各論としてのおうたといえよう。それが、手振りの違いに表れているのであろう。

三ッ　みにつく

そのように、つとめや普請に励めば、あらゆる守護が身についてくる。

　その人自身の救い、すなわち、主観的な救いが表現されている。
　一時的に守護をいただくのではなく、いつまでも失うことのない、身についたものとなることを教えられている。

四ッ　よなほり

そして、世界も陽気ぐらしの世界にかわってくる。

　「世直し」ではなく、「世直り」、すなわち、神の力によってこの世界がかわってくるという、人間にとっては受動的な意味である。三ツが主観的な救いであることと対比すれば、四ツは、客観的な救いが表現されていると言える。

五ッ　いづれもつきくるならば
六ッ　むほんのねえをきらふ

世界中の人間誰もがこの道についてくるなら、謀反を起こさざるを得ないような深い恨みの元をなくしてやろう。

五ツと六ツ、七ツと八ツ、九ツと十は二つで一つの意味を持ったおうたである。

ウ◆「むほん」について

「むほん」を戦争、いくさと解し、世の中から戦争をなくしてやろうとの思召しであると解釈する立場がある。

しかし、戦争と謀反は意味が異なる。すなわち、当事者が対等の立場で行われるのが戦争であり、上下、主従関係の中での下からの攻撃が謀反である。戦争は、一般に領土支配や物資獲得のためになされることが多く、精神的な理由によるものは少ない。これに対し、主従関係を前提とした中で起こされる謀反は、本来、御恩と奉公で結合している主君に対する下臣の強い恨みの心から発するものである。教祖は、その時代（幕藩体制が確立された江戸時代）に合ったことばやたとえを用いて教えを説かれたのであり、おことばもその観点から解釈されなければならない。

みかぐらうたが、「**いくさ**」とか「**たたかい**」（おふでさき13号50）といわず、しかも、「むほんのねえをきらう」といっているのは、謀反の原因＝根となる、深い恨みの心を取り去ってやろうという意味だからである。まさに、天理教におけるたすけの中心は、心だすけにあることが明らかにされている。

なお、このおうたを、謀反を起こしてはならないとか、上に逆らってはならないといった、封建制度の維持、擁護の意味にとってはならない。

「**高山にそだつる木もたにそこに　そたつる木もみなをなじ事**［高山に育つ木、すなわち支配層の人々も谷底に育つ木、下層にあえぐ人々も皆同じである。］」（おふでさき3号125）に示されるように、教祖は、神の下に人間は平等、いちれつきょうだいであることを唱

え、それゆえに、江戸時代の封建制度下でも、明治時代の天皇制の下でも、反体制的として教祖も天理教団も厳しい弾圧を受けてきたのである。

> 七ッ　なんじふをすくいあぐれバ
> 八ッ　やまひのねをきらふ

> 　難渋をしている人を救ってあげるならば、その者（おたすけをしている者）の病の原因＝根となっている悪しきことを切ってやろう。

「わかるよふむねのうちよりしやんせよ　人たすけたらわがみたすかる［親神のいうたすけの何たるかがわかるよう心の底から思案せよ。この道の神髄は「人たすけたら我が身たすかる。」ということである］」（おふでさき3号47）のおふでさきに示される、人をたすけて我が身たすかる、という天理教の真髄を示すおうたの一つである。

　そして、人の難渋を救いあげたことなら、病を生ずる原因＝根自体を切ってやろう、そうなれば、根が切られるのであるから、二度と病にはならない、という、いわば窮極の救いが得られることになるのである。

> 九ッ　こゝろをさだめるやうなら
> 十デ　ところのをさまりや

> 　そして、神一条の心を定めて暮らしているならば、その人間の住んでいるところ、世界は、穏やかに治まってくるのだ。

「一名一人の心に誠一つの理があれば、内々十分睦まじいという

一つの理が治まるという。」（おかきさげ）ということであって、一人一人の心が治まることによって、広く世界が治まってくるという意味であろう。まずは、一名一人の心定めが大事なのである。

4 ● 三下り目

ア◆「くにとこたちのみこと」と対応

　３下り目から、十柱の神名と各下り目が対応することになるのである（図表５　十柱の神名とみかぐらうた対比表参照（69頁））。

　３下り目と４下り目が一対となって「月日親神」を表象しており、３下り目は、「くにとこたちのみこと」と対応すると考えられる。

　「くにとこたちのみこと」は、天にては月様と現れ、人間身の内の眼うるおい、世界では水の守護の理を下さる。

　「くにとこたちのみこと」は、夫婦雛型の、男、「いざなぎのみこと」の体内に入り込んで、人間創造の守護を教えられた。

　「くにとこたちのみこと」のかぐら面は、獅子面で、顔面は赤色で頭部には白い和紙が四、五分に刻まれて髪として植えられている。口を開けた阿吽の阿の形に、１本の、先が丸い白木綿の細い紐の胴尾がついており、北東（艮）の「たいしょく天のみこと」の右手首に結び付けられる（上田嘉成「かぐらの話」ムック天理４号（かぐらづとめ）13頁。以下、かぐら面の説明はこれによる。）。

イ◆一ツの重ね打ちについて

　「（ひと一）つ　ひ（のもと）」で、鳴り物の拍子木は、重ね打ちとなる。一ツのところでの重ね打ちは、１下り目と11下り目にもある。

　これらは、いずれも、「最初」を意味するものと思われる。

　すなわち、１下り目は、みかぐらうた12下りの最初であり、３下り目は、十柱の神名とみかぐらうたがそれぞれ対応する最初であり、11下り目は、人間元初まりの夫婦雛型の最初の「いざなぎのみこと」に対応するものである。

ウ◆扇の手について

「くにとこたちのみこと」と「をもたりのみこと」は、おふでさきにあるように、

「**このよふのしんぢつの神月日なり　あとなるわみなどふくなるそや** [この世の真実の神は月日親神である。後のものは皆道具である。]」（おふでさき6号50）

「**しかときけこのもとなるとゆうのハな　くにとこたちにをもたりさまや** [よく聞け。「このもと」人間を創めた元は、くにとこたちとおもたり、すなわち月日親神である。]」（おふでさき16号12）

といわれるように、第一の神とされている。

そこで、3下り目「くにとこたちのみこと」と4下り目「をもたりのみこと」、月日両神だけが開いた扇を使うのである。教祖ご存命中に使われたと思われる扇は、「日月の扇」と呼ばれ、扇の縁は金で縁取られ、月（三日月）と日が銀で描かれていた（「人間誕生」ムック天理2号164頁（1978年）、西川孟『おやさま　天理教教祖と初代信仰者たち』117頁（1985年、主婦の友社）)。

次に、3下り目では五ツ、4下り目では七ツまで開いた扇を使うのは次の理由が考えられる。

「くにとこたちのみこと」のお姿は、頭1つ、尾1筋の大龍とされており、3下り目の10のおうたを半分ずつ2つに分け、前の1つ（半分）、すなわち五ツまでを頭、後ろの1つ（半分）、すわち六ツから十までを尾に見立てているものと考えられる。

4下り目の「をもたりのみこと」は、頭12、尾が3筋の大蛇とされており、3下り目の五ツまでの扇の手とあわせて4下り目の七ツで合計12になるのである。そして、ハツ以下の3首が3筋の尾を示すことになる。

結局、開いた扇の手は、大龍と大蛇の頭の数を示していたのである。

一ッ　ひのもとしよやしきの
　　　つとめのばしよハよのもとや

> 　日本の大和にある中山家の屋敷、庄屋敷のつとめ場所は、この世界、宇宙の元、源である。

　つとめの場所、すなわち、ぢばは、人間を創め出した大本で、元の理に明かされている人間宿し込みの場所である。

　どろ海の中で、神が最初に定めた場所、地点が「元のやしき」であることからすれば、この世界は、「元のやしき」すなわち、「ぢば」から始まったことを意味するのである。

　「ぢば」は、人類が創造された場所ということにとどまらず、世界、宇宙創造の始点でもあるのだ（第4章元の理第5宇宙の元初まりの地点（35頁））。

　ここで、「つとめのばしょ」と二ッの「つとめばしょ」は厳密には別物と思われる。すなわち、一ッでは、の、が入ることにより、特定の名前、名称があるもの（ここでは、「ぢば」）に対し、その属性を説明することによりそのものを特定する表現方法をとっているものと考えられる。「つとめをする場所」として「ぢば」を示しているのである。一方、「つとめばしょ」は、それ自体が特定の名前、名称であり、後の本席飯降伊蔵が妻の身上のたすけをいただいたお礼としてお供えしたつとめ場所を嚆矢とし、その後きりなし普請が続いている神の館のことである。

エ◆歌い出しについて

　3下り目からが十柱の神名に対応することとなり、3下り目はその最初である。それゆえ、地方の歌い出しは、他の下り目と異なり、琴で【212】（ラシラ）笛で【565】となる。高音からの歌い出しにより、1、2下り目との著しい対比となり、神名に対応する陽気づとめが始まったことが、一瞬にしてわかるのである。

　なお、この歌い出しは、11下り目が同じであるが、これは、月様「くにとこたちのみこと」が、夫婦の男雛型「いざなぎのみこと」（11下り目に対応）に入られたことから、その理を受けて同じ歌い出しになったものと考えられる。

　この2下りを除けば（1、2下り目を除く、神名に対応している10下りのうちの8下り）、いずれも地方の歌い出しは、琴で【334】（ファ　ファ　ミ）、笛で【332】であって、この3下り目と4下り目だけが他と著しい対照をなしている。まさに、月日両神を特別視していることがわかる。

> 二ッ　ふしぎなつとめばしよハ
> 　　　たれにたのみはかけねども

> 不思議なつとめ場所は誰に頼みをかけなくても出来てくるのだ。

　一ツで説明したように、この「つとめばしょ」は、きりなし普請で出来てくる神の館のことを指していることは、明らかである。誰に作ってくれと頼まなくても不思議に出来てくる、というのは、ぢばであるはずはない。

　次の三ツで明確にされるが、「ふしぎ」は、つとめ場所にかかる。出来てくることが不思議なつとめ場所、の意味である。

> 三ッ　みなせかいがよりあうて
> 　　　でけたちきたるがこれふしぎ

> 世界だすけのためのつとめ場所は、世界中の人間が集まってきて、心を寄せあった時に出来てくる。これが不思議なのである。

　二ツとあわせて、神の守護により、つとめ場所は、意図しなくて

も出来てくるのであり、これが不思議なのである、との意味になる。このことから、神の館の普請を「ふしぎふしん」ともいう。

オ◆三ツの拍子木の重ね打ちについて

三ツの重ね打ちは、3下り目のほか、4下り目、6下り目、7下り目、8下り目、それに12下り目の各三ツにある。

前半は3、4、6下り目にあるが、これはいずれも扇の手である。3、4下り目は開いた扇、6下り目は、閉じた扇を持つ。前述のとおり、月日両神だけが扇を使うのであり、この月日両神を除けば、ここでは6下り目の「つきよみのみこと」は男一の道具、及び、骨つっぱりの道具としてうをに仕込まれ、男雛型と定められ、ここに「くにとこたちのみこと」（月様）が入り込まれたことから、「くにとこたちのみこと」に直接関連する神名である6下り目の三ツが重ね打ちされることがわかる。

これに対し、後半は7、8、12下り目の三ツが重ね打ちとなるが、これは、「をもたりのみこと」に直接関連する神名の各下りの三ツが重ね打ちされるものである。

すなわち、7下り目は、飲み食い出入り、消化器の守護である「くもよみのみこと」、8下り目は、息吹き分け、呼吸器の守護である「かしこねのみこと」にそれぞれ対応するが、この2つの神名は、いずれも「をもたりのみこと」と胴尾で結ばれている。そして、12下り目は「いざなみのみこと」であり、「をもたりのみこと」（日様）は、「いざなみのみこと」の体内に入り込まれたことから、「をもたりのみこと」に直接関連する、人間の身体をかたちづくる神名の各下りの三ツが重ね打ちされることとなる。

そして、驚くことに、三ツの重ね打ちは、不規則に出てくるように思えるが、男と女の神名が交互に出てくるのである。ここにも神の深い思いが表れている。

すなわち、

　3下り目　　　　　［男］　くにとこたちのみこと

4下り目	［女］	をもたりのみこと
6下り目	［男］	つきよみのみこと
7下り目	［女］	くもよみのみこと
8下り目	［男］	かしこねのみこと
12下り目	［女］	いざなみのみこと

四ッ　よう／＼こゝまでついてきた
　　じつのたすけハこれからや

よく、よく、ここまで神の話を聞いてついてきたなあ。本当の
たすけはこれから始まるのだ。

　神の話を聞き、言われた通りについてきたなあ。周囲の人々の非
難、嘲笑に負けずここまでついてきたので、これから真実のたすけ
をしよう、とのおことばである。信仰の始めのことのさとしでもあ
る。信仰の始めは、周囲もとやかく言うが、それらのことに耳を貸
さず、まず何はともあれ神様の言うことに無条件に従うこと、そう
すれば、真実のたすけをいただけるようになるのだ。
　このことを象徴しているのが次のおふでさきである。
　「やまさかやいばらぐろふもがけみちも　つるぎのなかもとふり
ぬけたら」（おふでさき1号47）
　「まだみへるひのなかもありふちなかも　それをこしたらほそい
みちあり」（おふでさき1号48）
　「ほそみちをだん／＼こせばをふみちや　これがたしかなほんみ
ちである」（おふでさき1号49）
　［山坂や茨の生い茂った畦道。あるいは崖っぷちの道。剣の中、刀
を抜いて切りかかってくるような危険な道中も通り抜けたら、まだ
その先には火の中も深い淵もある。そうした道中を越すと細い道に
出る。その細道を越えて行くと大道に出る。これが確かな本道である。］

五ッ　いつもわらはれそしられて
　　めづらしたすけをするほどに

> 　親神の宣べられることに素直に従っていると、これまでの神仏
> の言うことと大きく違うため、いつも周囲の人々から嘲笑や誹謗
> を受けるであろうが、珍しいたすけをするのであるから、心を落
> ち着けよ。

　四ツをうけて、ここまでついてきた人間に対し、いただく心構
えさえあれば珍しい守護をしてやるとの、神から人間への激励で
ある。

六ッ　むりなねがひはしてくれな
　　ひとすぢごゝろになりてこい

> 　実のたすけや珍しいたすけをしてやるが、無理な願いはしてく
> れるな。ただ、神を慕うだけの一筋心になって来い。

　神から人間への、守護をいただく際の心構えについての指示で
ある。「むりなねがひ」とは、神の言うことを聞かず、人間心から
だけの欲求のことをいうのであろう。人をたすけて我が身たすか
る、の教えも守らず、我が身思案だけから発する願いが、無理な
願いである。
　一筋心とは、どのようなことも神の守護として喜んで受け取る心
のことも意味すると考えてよいだろう。

七ッ　なんでもこれからひとすぢに
　　かみにもたれてゆきまする

> どのようなことでもすべて、これからは、神一条で神にもたれ、
> 神の仰せのままに生きて行きます。

　六ツで、神から、一筋心になりて来いと言われたことに対し、人間からの決意の表明である。

　神にもたれる、ということは、人間の考えからすれば、必ずしもよいこととは思えないことが現れてきたとしても、「神様が、自分にとって最もよい方法を選んで下された」と、何事も喜んで受け取ること、これこそが「たんのう」であり、成ってくるのが天の理、の意味合いであろう。

　「もたれてゆきまする」は、左回りである。左回りは12下りの中でここだけである。右回りと逆の左回りをすることについては、何事も神にもたれて行くには、普通の覚悟ではならないとか、世界、人間の常識とは逆の生き方をしなければならない、といった悟りを先輩から聞かされたことがある。

> ハッ　やむほどつらいことハない
> 　わしもこれからひのきしん

> 　病むほどつらいことはない。私もこれからひのきしんをさせていただこう。

　病気、すなわち身上をたすけていただく方法を教えられる。

　身上は、神の手引きと教えられる。心得違いに対する神のメッセージである以上、心遣いを反省しない限り守護はいただけないが、まず、身体が神からの借物であることに思いを致し、その感謝の念からの行動、すなわち、ひのきしんをさせていただけば守護がいただけることを教えられているのである。

　結局、ひのきしんをさせていただくうちに、神からの手引きの意

味がわかる、ということであろう。

　なお、この守護は、身上をいただいた者はもちろん、健康な者が身上の手引きをいただきたくないときのことも含んでいると考えてよいであろう。

　ここに、ひのきしんこそは、天理教の最も重要な教えである、身上貸し物借り物を体現できる行動であり、この態度（ひのきしんの態度）こそが、天理教者を天理教者たらしめる、最も重要な規準であることがわかる。

カ◆「ひのきしん」と原典

　ひのきしんは、天理教におけるもっとも重要な行動規準であるが、3原典の1つ「おふでさき」にはなく、「おさしづ」には1回しか出てこない（明治23年6月15日）。一方、「みかぐらうた」には3、7、11下りに出てくるが、これは、教祖が急き込まれたかぐらづとめ、および、その理をうけて国々ところどころで行うおつとめの中でその都度、改めてひのきしんの大切さを教えて下さっていると考えられ、教祖の深い思召しを思わずにいられない。

> 九ッ　こゝまでしん／〵したけれど
> 　　　もとのかみとハしらなんだ

> 　ここまで信心したけれど、この神が人間を造り、世界を創めた元の神であるとは知らなかった。

　これまでいろいろな守護をいただき、ありがたい神様として自分なりに信心してきたが、それはご利益信心であった。この神様の本当のことを知らなかった。この神様は、この世界、人間を創始された、元の神様であることがわかった、という意味である。

> 十ド　このたびあらはれた
> 　　　じつのかみにはさうゐない

天保9年10月26日、この世に教祖を通じて現れた親神天理
王命は、この世、人間を造られた実の神であることは間違いない。

　九ツを受け十は、話を聞いて、実の神であることを得心したこと
が表現されている。

　天理王命が元の神であることは知らなかったが、聞かせてもらっ
てわかった、という意味ではない。九ツでそのことを知らなかった
人間が「相違ない」と得心するまでには、その間に得心するだけの
守護や、親心を見せられたと解する必要がある。

　「にち／＼におやのしやんとゆうものわ　たすけるもよふばかり
をもてる[日々、親神の思案というものは、子どもである人間たちを、
どのようにして助けてやろうかと、そのことばかりを思っている。]」
（おふでさき14号35）

キ◆「くにとこたちのみこと」を表象することば、手振り

(1)　じつ＝実

(2)　ひとすぢ＝一筋

(3)　もとのかみ＝元の神

(4)　じつのかみ＝実の神

　12下りの十でここだけが、前に出ている右足を戻さず、さらに
左足を前に出す。左は男の理とされており、月日親神のうちの男、
すなわち「くにとこたちのみこと」を表象していることがわかる。
また、手振りも押さえの手であり、「くにとこたちのみこと」のか
ぐらづとめの手（押さえ）と同じである。

5 ●四下り目

ア◆「をもたりのみこと」と対応

　4下り目は、「をもたりのみこと」を表象している。

　「をもたりのみこと」は、天にては日様として現れ、人間身の内
のぬくみ、世界では火の守護を下さる。

「をもたりのみこと」は、女雛型「いざなみのみこと」の体内に入り込み、人間創造の守護を教えられた。

「をもたりのみこと」は、頭が12で尾が3筋の大蛇のお姿をしており、先が剣になっている3筋の尾は、それぞれ、東の「くもよみのみこと」、西南（坤）の「かしこねのみこと」、西の「をふとのべのみこと」につながっている。

「をもたりのみこと」のかぐら面は獅子面で、顔面は赤く、頭には黒い毛が植えられている。口は閉じ、阿吽の吽の形で、3本の先のとがった剣をかたちどった白木綿の細い紐の胴尾がついており、それぞれ剣の先が「くもよみのみこと」の左手首、「かしこねのみこと」の右手首、「をふとのべのみこと」の右手首に結ばれている。

「をもたりのみこと」と「くもよみのみこと」が女、「をふとのべのみこと」と「かしこねのみこと」が男、男女2柱ずつで、五分五分を示している。

イ◆「くにとこたちのみこと」と「をふとのべのみこと」の 胴尾が結びつけられている神名

人間宿し込みの時に一つになって働かれた、月「くにとこたちのみこと」、日「をもたりのみこと」、うを「いざなぎのみこと」、み「いざなみのみこと」、亀「くにさづちのみこと」、鯱「つきよみのみこと」を「元初まりの六だい」とか「六台初まり」という。

これら6柱の神名は、人間創造の時点ですでに一手一つとなっており、これ以外の4柱の神名「たいしょく天のみこと」「くもよみのみこと」「かしこねのみこと」「をふとのべのみこと」につき、親神と直接結びつくことで一手一つを表されていると考えられる。

これにより、十柱の神名は一体であり、親神は天理王命であって、その守護の理を神名で表していることがわかる。ここから、天理教が一神教であることが明らかにされている。ちなみに、月日親神という表現をもって、天理教を、月と日の二神教と考えるものがあるが、この考えは、あるもの（たとえば親）を構成する要素（たとえ

ば父、母）を、あるもの（親）と対等のものとして捉えるものであって、論理としてもおかしい。父母をもって親を表しているのであって、父のみで親とは言わず、母のみでも親とは言わないのである。

ウ◆扇の手

　４下り目で、七ツまで扇を使うのは３下り目の五ツまでと合わせて12、すなわち「をもたりのみこと」の頭の数12を表象していると考えられる。

　４下り目の七ツまでが（３下り目の五ツと合わせて）大蛇の頭の数12を表しており、扇を置いてからの八、九、十の３首で尾の数を表していると考えられる（なお、３下り目の「ウ扇の手について」を参照（81頁））。

　３下り目と４下り目は、二つで一つであり、「くにとこたちのみこと」と「をもたりのみこと」は元の神、実の神であることが明らかにされている。

　「しかときけこのもとなるとゆうのハな　くにとこたちにをもたりさまや［よく聞け。「このもと」人間を創めた元は、くにとこたちとおもたり、すなわち月日親神である。］」（おふでさき16号12）

一ッ　ひとがなにごといはうとも
　　　かみがみているきをしずめ

　この神の教えを信じ、神の言われるままに行動をしていると、他人からは奇矯なことのように思われ、嗤われたり、謗ったりするであろうが、神は真実の心を見ているのであるから、神を信じて気持ちを静めよ。

　このおうたは、「いつもわらはれそしられて　めづらしたすけをするほどに」（３下り目五ツ）と、扇の手として対になっているものと考えられる。３下り目の五ツで扇を置き、その後あらためて扇

を持った最初のおうただからである。

　この２つのおうたを併せ考えれば、「神の言うことを素直に聞いて行動すれば、今までの世界の考え方とは違うから、それを見た、まだこの教えを聞いていない人間は、嗤ったり、謗ったりするであろうが、その嘲笑を神が受け取って、その後にめずらしいたすけをするのだ」と解釈できる。

> ニッ　ふたりのこゝろををさめいよ
> 　　なにかのこともあらはれる

> 夫婦、二人の心をおさめれば、どのような守護も現れてくる。

　ここにいう「ふたり」とは、３下り目で表象されている「くにとこたちのみこと」と、４下り目で表象されている「をもたりのみこと」が、それぞれ「いざなぎのみこと」と「いざなみのみこと」に入り込み、夫婦雛型となった上での二人、すなわち夫婦を意味している。さらに、この教えを信じる、関係性を持った二人というところまで拡張して解釈してもよいであろう。こう解釈するのは、宗教学者の島薗進先生のご示唆によるところが大きい。夫婦に限定するときは、「ふうふ」と表現されている（第２節、11下り目二ツほか）ことに対し、ここではあえて「ふたり」とされているからである。

　このおうたは、二人の心を治めれば、「なにかのこと」、すなわち、どのようなこと、すべてのこと、ありとあらゆることが守護として現れてくるということを宣べられているのであり、天理教においては、夫婦、二人の心を治めることが最も大切なこととされていることを、端的に示されている。

　第２節の「ちよとはなし」で、「ふうふをこしらえきたるでな　これハこのよのはじめだし」として、この世界の起源、創造の元に夫婦を置いておられることを、さらに明らかにされたものと解釈できる。

　なお、二ツの「ツ」のところで左足を踏まないで右足を踏むのは12下りでここだけである。右足を踏むことについては、後記「エ「をもたりのみこと」を表象していることば、手振り」のところで説明する（97頁）。

> 三ッ　みなみてゐよそばなもの
> 　かみのすることなすことを

> 　　神、すなわち教祖のそばにいる者は、神のすること、なすことを、みな見逃さずによく見ていよ。

　神は、親心からいろいろなことをこの世界、人間に表すので、どのようなことも見逃さず、神の思召しをしっかりと受け止めよ、という意味であろう。

　ここで、特に「そばなもの」に対して「みてゐ（い）よ」と命じておられるのは、次のように解するべきであろう。

　まだ、神が表に現れて間もないこの時に、神の不思議を実感できるのは、教祖のそばにいる者だけであり、神としては、そばの者に神の守護をしっかりみせることによってこれらの者を得心させ、においがけ、おたすけに確信を持たせようと考えられたのではないか。今に生きる我々に対する諭しと解すれば、教えを聞いた者から実行しなければならないということを、このおうたは示されている。

　なお、三ツで拍子木が重ね打ちすることの意味については、3下り目の三ツ「オ三ツの拍子木の重ね打ちについて」を参照（84頁）。

> 四ッ　よるひるどんちやんつとめする
> 　そばもやかましうたてかろ

　夜昼ドンチャン鳴物を鳴らし、つとめをするので、近所の者も『やかましいな』と、うとましく思っているであろう。

　「よるひる」は、月（よる）日（ひる）を表す。
　「うたてかろ」は、形容詞「転てし（うたてし）」の語幹「うたて」を活用形にしたもの、あるいは、副詞「うたて」に推定の助動詞「かろう」をつけて連語にしたもので、いずれにしても「転て＝不快に思う気持ち」の意味である（『広辞苑』より）。

五ツ　いつもたすけがせくからに
　　はやくやうきになりてこい

　神は、いつも人間をたすけようと急いているのであるから、早く陽気な心になって、神のもとにやって来い。

　ここで、神から、たすけ、守護をいただくためには、陽気な心にならなければならないことが、示されている。すなわち、陽気ぐらしの基本は、陽気な心であることが明らかにされていると考えてよいであろう。
　なお、陽気な心というのは、なんでも成ってきたことを喜べる心、という意味である。世間一般に言われる、明暗の明、地味と派手の派手、陰陽の陽などは、陽気な心の一面に過ぎない。外見が物静かであっても、陽気な心を持つことはできるのである。

六ツ　むらかたはやくにたすけたい
　　なれどこゝろがわからいで

　ぢばのある周辺の者、村方は、ぢばに近いことから、遠くの者より早くたすけたいが、神の心がわからないので、たすけにくい。

　このおうたは、布教者がおたすけにかかるときにも妥当するものと言えよう。たとえば、この教えを聞いた者が、まず手始めに、自分の身近にいる者からにおいをかけようとしても、自分のことをよく知っている人こそ、こちらの話すことをよく聞いてくれない、ということが多い。

　これは、それまでの自分の行いを身近で見た人からすれば、「あなたが急に立派なことを言い出しても、今までの態度をみたら、とても信じられない」とか、逆に「立派な教えであることはわかるが、身近な人間だけについ甘えが入り、その人の言うことを素直に聞く気になれない」ということになろう。

　親戚への布教が難しいのは、天保 9 年（1838 年）の立教以来、庄屋をつとめるほどの名望家で、「善兵衛さん地持ち」と歌われたほどの中山家ですら、本来、最初にたすけるべき親戚縁者が付き合いをやめ、去っていったことも雛型の一つであろう。

> 七ツ　なにかよろづのたすけあい
> 　　　むねのうちよりしあんせよ

> 　何かあらゆることについて、たすけあいをしなければならない。ここのところを、しっかりと思案せよ。

　ここで、「たすけあい」の手振りは、扇を上下に空間をとって重ねる形であり、天地を形取っていると考えられる。天地は、すなわち夫婦であり、この手振りから、たすけあいの基本は、夫婦であると考えるべきであろう。

> 八ツ　やまひのすつきりねはぬける
> 　　　こゝろはだん／＼いさみくる

> 　お互いにたすけあいをすれば、すっきりと病の根がぬける。それにより、心はだんだん勇んでくる。

　ここでは、病そのものを直すのではなく、病の根、すなわち、病の原因となっているものが取り払われるということが宣べられていることに、留意しなければならない。

　病は、身上といわれ、神の手引き、メッセージとされ、神が手引きをせざるを得ないこととなるのは、誤った心遣い、すなわち、8つのほこりが積もることによって生ずる「あしき」が身についてしまったからである。他人をたすければ、その「あしき」を払って下さるというのである。その結果、心はだんだんと勇んでくる。勇む心というのは、人をたすけたいとの心であり、何ごとも喜べる心である。

> 九ッ　こゝはこのよのごくらくや
> 　わしもはや／＼まゐりたい

> 　ここ、ぢばはこの世の極楽だ。『わしも早く参拝したい』という者が出てくる。

　「ここ」とは、ぢばを含む神の館を指すと考えてよいであろう。本来のぢばを含む親里一帯といった、面の広さがなければ、「ごくらく」とは言わないであろう。

　また、「ここは」として、すでにここにいるのに、「まゐりたい」というのはおかしい。そこで、上のように解すべきであろう。

　ここでいう「わし」とは誰であろうか。教祖は、いわば参拝の対象であり、「はやばやまゐりたい」とは言われないであろう。そこで、多くの人間が参拝したいといってくるようになる、と解すべきであろう。

　これを受けて、十で「ありがたい」という感謝の心につながるのである。

> 十ド　このたびむねのうち
> 　すみきりましたがありがたい

> このたび、ぢばに参り、胸のうちが澄み切ったことがありがたい。

　たすけあいをし、ぢばに参拝すれば、病の根は切って下さり、心は勇み、そして胸のうちが澄み切ってくるのであって、このことが、何よりもありがたいことである。

　天理教における救いが、心の救い、すなわち「心だすけ」にあることが示されている。身上（病）や事情の救済自体ではなく、それらの悩みを通して心が澄み切ることこそが、救済であり、そのことをありがたいと感じることができた時が、たすかったことなのである。そして、これらの救いの根源が「ぢば」にあることが明らかにされている。

　手振りで、この「ありがたい」は、右足から下がる。右は女の理であり、「をもたりのみこと」を表象していることがわかる。ちなみに、11下り目十の「ありがたや」は、左足から下がり、左が男の理を示し、「いざなぎのみこと」を表象しているのと対照をなす。

エ◆「をもたりのみこと」を表象していることば、手振り

　（1）ふたりのこころ　「くにとこたちのみこと」「をもたりのみこと」が「いざなぎのみこと」と「いざなみのみこと」に入り込み、夫婦雛型となった上での二人、すなわち夫婦を意味している。

　なお、一ツ、二ツなどの「ツ」で左足を踏まないで右足を踏むのは12下りでここだけである。一ツの最後で右足が前に残っており、これを戻すことで、結局、「ツ」の時に右足を踏むことになる。右は女の理を示し、4下り目が「をもたりのみこと」を表象している

上に、さらにその二ツ、すなわち2番目は「をもたりのみこと」を表象するため、二重に女の理を強調されていると考えられる。

⑵　よるひる　夜すなわち月、昼すなわち日で、月日、親神を表す。

⑶　たすけあい　扇の手で、扇を平行に合わせ、天と地、すなわち夫婦を表している。

　3下り目と4下り目が二つ一つで月日、男と女、夫婦を表しているのである。

⑷　「ありがたい」で右足から下がる。をもたりのみこと（女）の理である。11下り目の「ありがたや」がいざなぎのみこと（男）の理で左足から下がることと対照をなす。

6 ●五下り目

ア◆「くにさづちのみこと」と対応

5下り目は、「くにさづちのみこと」と対応している。「くにさづちのみことは」は、人間身の内の女一の道具、皮つなぎ、世界では万（よろづ）つなぎの守護につけられた神名である。

「くにさづちのみこと」のお姿は、亀であり、かぐら面は女面で、背中に2尺（約60センチメートル）ほどの亀を背負っている。

イ◆十がないこと

5下り目には、十がない。これは、「くにさづちのみこと」は、人間身のうちでは皮つなぎ、世界では、万つなぎの守護をつかさどっているため、最後の十、すなわち終わりである十がないことによって、終わらない、すなわち切れない、つながる守護を表しているものと考えることができよう。

「つなぎ」の理と対照をなすのが「切る」理である。切る理は「たいしょく天のみこと」がつかさどっており、切る理とつなぐ理は、二つ一つである。よって、「たいしょく天のみこと」を表象する9下り目にも終わりを示す十がない。

かぐらづとめで、「くにさづちのみこと」とかんろだいをはさん

で反対側におられるのが「つきよみのみこと」である。かぐらづとめにおけるこの両神の手（右）は同じである。左ななめ下（左腰部）から右手を右ななめ上へ投げ上げる格好である。ただし、手のひらの向きが「くにさづちのみこと」は受ける手として上向き、「つきよみのみこと」は押さえる手として下向きとなり、合わせれば「つきよみのみこと」が上、「くにさづちのみこと」が下となって、宿し込みの時に、上より突くが故に「つきよみのみこと」と名付けられたということを表象していると考えられる。ここから、「くにさづちのみこと」と「つきよみのみこと」が対応していることがわかる。

一ッ　ひろいせかいのうちなれバ
　　たすけるところがまゝあらう

　広い世界の中には、いろいろなことでたすけを求めている人間があり、たすけをする所はあちこちにあろう。

二ッ　ふしぎなたすけハこのところ
　　おびやはうそのゆるしだす

　その中でも、不思議なたすけをするのは、このぢばであって、安産の守護をする『おびやゆるし』や難病である疱瘡のたすけである『ほうそまもり』を出す。

ウ◆回らないで後ろ向きになること

「ゆるしだす」の「だす」で神殿（本部では、かんろだい）を背にしたまま回らず、「三ツ　みづとかみとはおなじこと」を参拝者と相対する形で手を振る。おうたの初めを神殿に背を向けて手を振るのは、ここだけである。

　これは、５下り目が「くにさづちのみこと」と対応しており、その中のさらに三ツ（3番目）ということ、および、二ツと三ツのおうたの内容からして、教祖おん自ら人間にお宣べ下さっていると考えられないであろうか。まさに、親神と一体のお姿でお諭しいただいているように思えるのである。

三ッ　みづとかみとはおなじこと
　　　こゝろのよごれをあらひきる

　水と神とは、汚れを洗い切るということで同じことである。神は汚れを洗い切るように、心の汚れを洗い切り、心を澄ませるのだ。

　「**さあ／＼實があれば實があるで。實と言えば知ろまい。真實というは火、水、風。**」（明治20年1月13日おさしづ）に表されるように、親神は、神の守護を、火水風にたとえられる。三ツで、「みづとかみとはおなじこと」とされるのは、文字通り、水を神とイコールにされていると解することもできるように思えるが、水の守護は神の守護の一部であり、決して、神＝水ではない。ここでは、水の持つ、よごれを落とす働き、機能を神にたとえられたと解するべきであろう。

四ッ　よくのないものなけれども
　　　かみのまへにハよくはない

　欲のない者はないが、神の前では、欲の心を持ってはならない。

　これを、「神を前にした時は、欲の心はなくなる」と解することも可能であるが、五ツと六ツで、神から、陽気づくめになるように、「やさしきこころになりてこい」、との指図があることとの対比で考えれば、ここでも欲を捨てよ、欲を持ってはならない、と解す

る方が全体としての関係性が明らかになるであろう。8つのほこりをはらうことを、みかぐらうたで宣べられているとも考えられる。

五ッ　いつまでしん／＼したとても
　　　やうきづくめであるほどに

　いつまで信心しても、神の心にもたれていれば、長い道中も、決して苦しいことなどはなく、常に陽気づくめである。

　これを「いつまで長く、かたちばかりの信心をしても、常に陽気づくめで通ることが大切である」と解釈することがあるが、この解釈は、「いつまでしんじんしたとても」を、逆接に解するものである。しかし、この道を信心することは、必ず陽気づくめになれることであるから、ここは、順接にとるべきであろう。
　この道を通ることは、「いつもわらはれそしられ」る（3下り目五ッ）ことでもあるのだから、その中でも、神にもたれて行けば必ず陽気づくめになれる、という積極性を持った解釈がふさわしいと思うのである。

六ッ　むごいこゝろをうちわすれ
　　　やさしきこゝろになりてこい

　人を抑えつけるようなむごい心をすっかりと忘れて、人を温かく包み込むような優しい心になりなさい。

　手振りで、「むごい」は、両手で押さえる仕草である。相手の心を押さえ込む心こそが「むごい」ことであることを示されている。
　これに対し、「やさしきこころ」は、丸く包み込む手振りである。世の中、世界中に生起している残酷、悲惨な事件の原因が、すべて

相手のことを理解せず、相手を言論や力で押さえ込もうとするところにあることに鑑みれば、この手振りの深い意味がわかる。

「皆んな心持って、優しい、優しい心持ってくれ。これより楽しみ無い。」（明治 33 年 7 月 3 日おさしづ）

これが、教祖の願いである。

この五ツと六ツ 2 つのおうたは一体となって次の七ツ、八ツにつながる。

七ッ　なんでもなんぎハさゝぬぞへ
　　たすけいちじよのこのところ

どのようなことがあっても難儀はさせない。ここは、たすけ一条の元のぢばであるから。

前の 2 つのおうたを受け、陽気づくめで通り、やさしき心になれば、難儀はさせないという意味である。ここでも、ぢばこそが、たすけの根源であることが示されている。

4 下り目の十で、たすけあいをし、ぢばに参拝すれば、病の根は切って下さり、心は勇み、そして胸のうちが澄み切ってくるのであって、このことが、何よりもありがたいことである、と宣べられ、これらの救いの根源が「ぢば」にあることが明らかにされているのと同じ趣旨である。

八ッ　やまとばかりやないほどに
　　くに／＼までへもたすけゆく

神のたすけは、ぢばのある大和地方だけではない。世界中どこにでもたすけに行く。

　この「やまと」は、ぢば周辺、すなわち、教祖、親神のおわすぢ
ばにとどまらず、日本と解することも可能であろう。教祖を通じて
親神の話を聞いている当時の人々の理解力に応じた説き方であるこ
とに留意しなければならない。

　親神の話を聞いている者を「にほん」、まだ聞いていない者を「か
ら（唐）」にたとえて説かれた下記のおふでさきと同じ理解でよい
であろう。

　「このさきハからとにほんをハけるてな　これハかりたらせかい
をさまる」（おふでさき2号34）

　「いまゝでハからがにほんをまゝにした　神のざんねんなんとし
よやら」（おふでさき3号86）

　「このさきハにほんがからをまゝにする　みな一れつハしよちし
ていよ」（おふでさき3号87）

[この先は唐（神の思召しをわきまえない者）と日本（神の思召し
をわきまえた者）を仕分けする。仕分けがついたなら世界が治まる。
今までは唐が日本をままにした。神の残念はどうしようもない。こ
の先は日本が唐を思い通りにする。皆一列は承知していよ。]

> 九ッ　こゝはこのよのもとのぢば
> 　　　めづらしところがあらはれた

> 　ここは、この世の元であるぢばだから、めずらしいたすけが現
> われた。

　この「めづらしところ」を、珍しい所と解することもできるが、
七ツで「たすけいちじょのこのところ」と既に説明してあり、改めて、
珍しい所が現れたとすると、重複することになろう。ここでいう「と
ころ」は、場所ではなく、めづらしいところのものといった程度に
考えるべきであろう。

エ◆ぢばの意義

5下り目は、七ツ以後で、ぢばの持つ重要な意義、素晴らしさを宣べられていると解される。

すなわち、「どのようなことがあっても難儀はさせない。ここは、たすけ一条の元のぢばであるから。」（七ツ）ただ、「神のたすけは、ぢばのある大和地方だけではない。世界中どこにでもたすけに行くのである。」（八ツ）しかし、ここは、この世の元であるぢばだから、ここに参った人間には、めずらしいたすけを見せてやろう」

なお、「ぢば」が、人類が創造された場所ということにとどまらず、世界、宇宙創造の始点でもあることについては、第4章元の理「第5宇宙の元初まりの地点」（35頁）を参照のこと。

> どうでもしん／＼するならバ
> 　かうをむすぼやないかいな

> どうでも信心するならば、講を結んでしっかり励まし合って信仰しよう。

5下り目には十がない。地方は、九ツの最後「あらはれた」のあと、一息を入れずすぐに「どうでも」とつなげ拍子木も重ね打ちとなるところから、「とお（十）」を「どお（う）」で代用しているかの見方は正しくはないであろう。ここは素直に十はないとすべきである。

これは、「くにさづちのみこと」は、人間身のうちでは皮つなぎ、世界では、万つなぎの守護をつかさどっているため、最後の十、すなわち終わりを意味する十がないことによって、終わらない、すなわち切れない、つながる守護を表しているものと考えることができよう（前記「イ十がないこと」参照（98頁））。

講は、一つの目的のために人が集まり（講中）、世話役（講元）はいるものの、基本的に平等、対等の立場で目的を達成しようとす

る集団である。上下がないから、講中がお互いに励まし合っていか
なければ、脱落する者が出てしまうことになる。教祖が、信心する
者の集まりの形態を、講と示されたのは重要である。

　現在の教会制度では、代表者たる会長がおり、教会運営上、信者
と対等、平等の関係にあるとは言い難いが、上述したような講の精
神で維持、運営され.れば講に近いものとなろう。

オ◆重ね打ちがないのは、9、10下り目だけ

　12下りの中で、重ね打ちがないのは、9、10下り目だけである。
これらは、いずれも身体の器官の神名ではなく、機能についての神
名である。9下り目は、「たいしょく天のみこと」で、出産の時、
親と子の胎縁を切り、出直しの時、息を引き取る世話、世界では切
ること一切の守護の理、10下り目は、「をふとのべのみこと」で、
出産の時、親の胎内から子を引き出す世話、世界では、引き出し一
切の守護の理であり、この2下りだけが、人間の身体の器官につい
ての神名ではないのである。この2下りだけが、重ね打ちがない。

カ◆「くにさづちのみこと」を表象することば、手振り

　(1)　ままあろう　地面をさわる手振りで、国狭土命の土を表す。

　(2)　このところ　「ままあろう」と同じく、地面をさわる手振り。

　(3)　おびや　お産の際に守護くだされる「おびやゆるし」のことで
あり、女性ないし女一の道具から子どもが産まれる仕草を表す。

　(4)　むすぼやないかいな　「結ぶ」は、つなぎの意味。

　(5)　くにぐに　国狭土命のくに。

7 ●六下り目

ア◆「つきよみのみこと」と対応

　6下り目は、「つきよみのみこと」と対応している。

　「つきよみのみこと」は、人間身のうちでは骨突っ張り、世界で
は万突っ張りの守護につけられた神名であり、ておどりでは、扇を
畳んで突っ張りを表している。

　かぐら面は天狗のように高い鼻の男面で、背中に2尺ほどの鯱を背負っている。鯱には上下各一対、4本の赤い丈夫なひもがついている。

> 一ッ　ひとのこゝろといふものハ
> 　　　うたがひぶかいものなるぞ

> 　人の心というものは、疑い深いものであり、素直に神を信じることができない。

　人の心が、神から自由に使うことを許されていることを前提に、神への疑いを持つことを当然のこととされながら、2ツ以下で神の存在、守護を教えられている。

> 二ッ　ふしぎなたすけをするからに
> 　　　いかなることもみさだめる

> 　神は、不思議なたすけをするからには、その人間の心遣いや行いなど、いかなることも見定めて、その者にふさわしいたすけをする。

　「いかなる」の手振りは、「うたがい」と同じであることから、神を疑う心がないかを特に見定める、と悟ることもできよう（諸井慶一郎「みかぐらうたの思召（その二）みかぐらうた通釈註解」天理教校論叢25号）。
　「いかなることもみさだめる」は、日頃の行いをすべて神が見て、その行いにふさわしい守護を下さるという意味であろう。人が見ていようといまいと、神が見ているということである。

> 三ッ　みなせかいのむねのうち
> 　　　かゞみのごとくにうつるなり

> 皆、世界中の人間の心の内は、合わせ鏡に映るように、自分の相対する人の心に映って見えるのである。

　「かがみのごとくにうつる」を、「合わせかがみにものが映るように、神の目にはみな見える」との解釈があるが（天理教道友社編『みかぐらうたの世界をたずねて』219頁（2001年、天理教道友社））、神にはすべてが見えるのであり、あえて、神の目に映るとする解釈をするまでもないであろう。この解釈は、「**せかいぢうーれつなるのむねのうち　月日のほふゑみなうつるなり**[世界中の人間の胸の内、心のありようは、皆、月日親神の方に手に取るように映っている、見抜き見通しである。]」（おふでさき8号12）を基礎にしていると思われるが、このおふでさきは、「月日のほふゑ」映ると明確に宣べられており、三ツが「せかいのむねのうち（が）かがみのごとくにうつる」というのとは、区別されていると考えてよいであろう。
　結局、それぞれの人間が、関係性を持った人間同士で鏡のように心が映る、反照することを理解し、相手の姿、態度を見て、我が身を反省すべきことを示されていると考えるべきであろう。
　こう、解することにより、ぢばの神殿が「四方正面鏡屋敷」と呼ばれる意味がわかり、「見るもいんねん、聞くもいんねん」の教えを身にしみて理解することができるのである。
　なお、三ツで拍子木が重ね打ちすることの意味については、3下り目の三ツ「オ三ツの拍子木の重ね打ちについて」を参照（84頁）。

> 四ッ　ようこそつとめについてきた
> 　　これがたすけのもとだてや

> 　ようこそつとめに随いてきた。このつとめこそが、たすけの元立て、根本である。

一ツの「うたがい」、二ツの「いかなる」、そして、この四ツの「これが」の手振りは、右手を左腰部から右上方へ直線的に投げ上げる手振りであり、かぐらづとめの「つきよみのみこと」の手の、右手を左下方から右上方に投げ上げる手振り（手のひらを下）と類似している。この仕草を3回行うのは6下り目だけであり、「つきよみのみこと」と対応していることがわかる。

　さらには、3回の3は、「くにさづちのみこと」と対応しており、ここでも、かぐらづとめにおけるこの2柱の神名が二つ一つであることがわかる。

五ツ　いつもかぐらやてをどりや
　　す ゑではめづらしたすけする

　いつも、かぐらづとめやておどりをしている。それにより、世界中の先々までたすけをする。

「す ゑ」を末として、時間的な意味と捉える考えもあるが、「末」を時間的に解釈すると、終わり、終末といった限りのある概念となり、教えの無限の広がりとは相容れないものとなろう。そこで、ぢばを元とした末、教えの伸張して行く最先端との意味に解するのがよいと考える。末広がりとも解される。

　手振りも、5下り目八ツの「くにぐに」と同じであり、場所的な意味にとる考えの裏付けとなろう。

六ツ　むしやうやたらにねがひでる
　　うけとるすぢもせんすぢや

人間は無性やたらにたすけを願い出るが、神は、その願いをする人間の心を受け取って、その心遣いに応じた千筋の守護をする。

「むしやうやたら」の意味は、ほかのことは考えずにどんどん突き進むさまであり、「つきよみのみこと」の勢いの強さを表象していると考えられる。

ここの「むしやうやたら」と1下り目六ッの「むしやう」は、勇みの手である。しかし、8下り目六ッの「むしやうやたら」は押さえの手である。8下り目は、海底にへばりついている鰈を表象していると考えられる。

「うけとるすぢもせんすぢや」は、二ツの「いかなることもみさだめる」の、日頃の行いをすべて神が見て、その行いにふさわしい守護を下さるという意味と同じ趣旨であろう。日頃の行いは皆それぞれに異なり、まさに千差万別であって、それぞれの心遣いを受け取るということである。

> 七ッ　なんぼしん／＼したとても
> 　　こゝろえちがひはならんぞへ

> どれほど信心したとても、神の思いにそむく心遣いをしてはならんぞ。

「なんぼしんじんしたとても」の「なんぼ」は、時間的に「どれほど長い間」と解してもよいし、信仰を形から見て、「深く、一生懸命に」あるいは、祈る姿（手振りの合掌の形）から、「形の上でどれほど熱心に」と解してもよいであろう。要は、神の心に添った信仰でなければならないことを宣べられているのである。

「こころえちがひ」の手振りは、両手が合わずに行き違っているものである。両手が合う合掌の手が、神を呼び出し、神に願い、あるいは、神との交信（たとえば、「なんでもこれからひとすぢにかみにもたれてゆきまする」3下り目七ッ）を表していることに鑑みれば、「こころえちがひ」の手振りは、神の心に沿わない心遣い

を表象していることがわかる。

> ハッ　やっぱりしん／＼せにやならん
> 　こゝろえちがひはでなほしや

> 　やっぱり信心しなければならない。神の思いにそむく心遣いを
> するときは、出直しだ。

　ここは、神のことばとするか、人間のことばと見るかで解釈が
分かれる。

　神のことばとするときは、「信心はしなければならない。ただし、
神の心に随った正しい信心をしない心得違いをするときは、神に
よって出直しをさせられることになる。」という意味になろう。

　一方、人間のことばとすると、「どのようなことがあっても、
やっぱり信心はしなくてはいけない。心得違いをするときは、
一から出直して信心させていただくつもりだ。」ということにな
ろう。

　七ツ、九ツとあわせて解釈すると、神の言わんとしているところ
がみえてくる。

　すなわち、七ツで、神が、いくら信心しても心得違いはならん、
と宣べられた後のハツで、「（神が、心得違いはならん、と言ってお
られるのだから）もし、自分が心得違いをしたなら出直しをする、
というくらいの覚悟をさせてもらいます。」ということになろう。
こう解することで、次の九ツも人間の側からの決意、決心を明らか
にするものとして、関連が出てくることになる。

> 九ッ　こゝまでしん／＼してからハ
> 　ひとつのかうをもみにやならぬ

> ここまで信心したからには、一つの講をつくるほどの守護を、神から見せてもらわないといけない。

　これに対し、「かう」（こう）を、効（能）と解する考えがある（天理教道友社編『みかぐらうたの世界をたずねて』221頁）。これは、信心した成果を、神からの守護、効能として見せていただくのだという、いわば信仰上の確信を明らかにしたものと考えられる。

　ここであえて「講」としたのは、既に5下り目の最後に、講を結ぶということばがあることに加え、ハツを、人間の側からの信仰上の決意と捉えた以上、人間のなしうる成果としての「講」の設置と考える方が、より前向きの姿勢と考えられるからである。手振りも5下り目の最後（九ツ）の「かう（こう）」＝講と同じである。

　講をつくるには、教えを信じる相応の人数がなければならず、「人をたすけて我が身たすかる」の教えからは、「ここまでしんじんしてからハ」講の一つくらいはつくらなければならない、というのが、自然の成り行きでもあろう。

> 十ド　このたびみえました
> 　あふぎのうかゞひこれふしぎ

> ここまで心を定めて信心をしてきたら、不思議な扇の伺いによって、神の天啓を伺わせていただいた。

　「このたび」を特定の一時点と考える必要はないであろう。これは、無性やたらに願い出ても心次第に受け取ると仰せられ、心得違いをしないよう信心するようお導きいただく中で、ここまで信心したといえる時点のことと考えればよいであろう。

　そこまで信心すれば、扇の伺いによって、神の天啓を聞かせていただけることができるのである。

イ◆「つきよみのみこと」を表象することば、手振り

(1)　うたがい、いかなる　左下方から右上方へ直線的に投げ上げる手振りが突っ張りを表していると考えられないか。

　また、かぐらづとめの「つきよみのみこと」の手は、右手を左腰部から右上方に投げ上げるものであり、「うたがい」と「いかなる」の手振りの右手と同じである（ただし、前述のとおり手のひらの向きが下である）。

(2)　もとだて　立てるにつながる。

(3)　むしやうやたら　ほかのことは考えずにどんどん突き進むさまであり、勢いの強さを表象。

(4)　せんすぢや　この手振りも直線的であり、突っ張りを表象している。

(5)　あふぎのうかがひ　たたんだ扇を立てる手振りで、骨突っ張り、および、男一の道具を表象している。

　なお、12下り目にも扇を畳んで使う「うかがひ」があるが、これらは、いずれも「うかがひ」のあとの手振りがあるのに対し、6下り目の「うかがひ」のあとには手振りがない。

　また、12下り目の場合、後半（7下り目）が始まる前に、畳んである扇をはかまや帯にはさんでおいて、12下り目になって初めて使うのに対し、ここでは6下り目が始まる直前に、一旦、ておどりを中断して八足の前に座り、開いている扇を畳んでから，それをはかまや帯にさして使うところが異なる。

　結局、ここでの畳んだ扇を使うのは、6下り目の時だけの他とは違う動作によるものであって、男一の道具を殊更に表象していると考えられる。

8 ●七下り目

ア◆ておどり後半の持つ意味

　7下り目からは、ておどり後半となる。前半と後半では著しい対

照をなす。

　すなわち、前述した各下り目と十柱の神名との対応で、それぞれの守護の理が入り込んで夫婦雛型となった「いざなぎのみこと」と「いざなみのみこと」を除く後半の４柱の神名は、すべて、「くにとこたちのみこと」と「をもたりのみこと」のかぐら面の胴尾で結ばれているのである。

　前半の２柱の神名「くにさづちのみこと」と「つきよみのみこと」は、いずれも結ばれていない。結ばれていないかわりに、「くにさづちのみこと」は亀、「つきよみのみこと」は鯱を、それぞれ背中に背負っている。

　「くにとこたちのみこと」と「をもたりのみこと」に結ばれているのは、人間創造の道具以外の、いわゆる、生命維持の機能をつかさどる神名であり、「くもよみのみこと」は、消化、吸収、排泄、循環の守護、「かしこねのみこと」は、呼吸の守護、「たいしょく天のみこと」は、よろず切る機能、転じて分裂、増殖の守護、「をふとのべのみこと」は、成（生）長、発展、増加の守護を下されるものである。これらの守護を言い換えれば、人間が意識しない時でも、もっと身近なたとえでいえば、寝ている時でも守護してくださる神名が、ておどり後半に集中して置かれているのである。

　そして、最後の11、12下り目に「いざなぎのみこと」「いざなみのみこと」の夫婦雛型を置かれることで、人間が毎日生活して行くための守護を明かされているとともに、人間の創造と、生きる目的である陽気ぐらしには、夫婦が最も重要であることが、ておどり後半で明らかにされているのである。

　このように、ておどりの前半と後半は、分けられていることの中に、単に半分といったことだけではなく、このように異なった深い意味が隠されていたのである。

イ◆「くもよみのみこと」と対応

　７下り目は、「くもよみのみこと」と対応している。「くもよみの

みこと」は、人間身のうちでは飲み食い出入りの消化器の守護、世界では水気上げ下げの守護につけられた神名であり、いわば、循環の守護を下さっていると考えられる。

　かぐら面は女面で、左手首に「をもたりのみこと」の胴尾の剣先が結ばれている。

> 一ッ　ひとことはなしハひのきしん
> 　　にほひばかりをかけておく

> 　他人に、一言でも神の話をするのも、ひのきしんである。相手が聞こうと聞くまいと、においだけでもかけておくことだ。

　においは、目には見えないときでも、耳に聞こえないときでも伝わるものである。すなわち、真暗闇でもにおいだけは伝わるのだ。現代的にいえば、表示し、説明するといったプレゼンテーションをしなくても、にじみ出るにおいは確実に相手に伝わるのであって、「においがけ」の真の意味はここにある。

> 二ッ　ふかいこゝろがあるなれバ
> 　　たれもとめるでないほどに

> 　たすかってもらいたい、たすけたいとの深い誠の心があってたすけをしている者に対しては、誰も止めてはならない。

　人をたすける心が最も大切であると教えられる神からすれば、たすけにかかろうとしている人を、他人が止めるようなことは到底ゆるせることではない。「神の方からとめるやないほどに、めんめんから止まる様なことをするな」（諸井政一著・諸井慶徳編『改訂正文遺韻「みかぐら歌釋義」』263頁（2014 年、天理教山名大教会史料部）。

三ッ　みなせかいのこゝろにハ
　　　でんぢのいらぬものハない

世界中の人間の中で、田地のいらないという者はいない。

　田地は、農民の生きて行く基本となるもので、財産的な意味の象徴と捉えられるであろう。
　なお、三ツで拍子木が重ね打ちすることの意味については、3下り目の三ツ「オ三ツの拍子木の重ね打ちについて」を参照（84頁）。

四ッ　よきぢがあらバーれつに
　　　たれもほしいであらうがな

まして、作物がたくさん収穫できる良い田地があるなら、誰でも欲しいであろう。

五ッ　いづれのかたもおなしこと
　　　わしもあのぢをもとめたい

それは、世界中どこでも同じことで、良い田地があれば、私もあの良い田地を求めたい、という者が出てくるであろう。

　「いづれのかた」の「かた」を人間として、「方」とすると、ここだけ敬語を使っていることになり、おかしいことになる。ここは、いずれの方面も、いずれの者も、といった抽象的な意味にとるべきであろう。
　なお、「わし」につき、教祖のことと解する立場がある。「人間ニ其ノ模範ヲ示シ実行ヲ奨励セラレタルナリ」（原文は旧漢字）とする（中山新治郎『御神楽歌述義全』99頁（1906年、和本））。教祖

のご存命中の初代真柱の解釈であり、大きな意義がある。

　ただ、その後の解釈では、上に述べたように、教祖が、人間の立場にたって、お話しされているとするものが多い（平野知一『みかぐらうた叙説』157頁（1985年、天理教道友社））。

六ッ　むりにどうせといはんでな
　　そこはめい／＼のむねしだい

　　しかし、どのような良い田地があろうとも、無理に何としてでも手に入れよなどと言っているのではない。良い田地という眼に見える財産を手に入れようとするか、眼に見えない財産を手に入れようとするかは各人の胸次第である。

　これを「無理に良い田地を求めよとは言わない。神は、おのおのの心次第、胸次第に任せている。」と解する立場がある（天理教道友社編『みかぐらうたの世界をたずねて』235頁）。この立場は、みかぐらうたを語句に従って直訳するものであるが、この解釈では、七ツまでの「よきち」と八ツ以降の「かみのでんぢ」をつなぐことができない。

　七ツまでの、眼に見える「あたへハなにほどいる」という良い田地と、八ツからの、眼に見えない「かみのでんぢ」を対比するためには、上述のように、どちらの田地を求めるのかは、各人の胸次第である、と解した方が、おうたに連続性を持たせることができよう。

　「目に見える徳ほしいか、目に見えん徳ほしいか。どちらやな。」とのお話し、そのものである（天理教教会本部編『稿本天理教教祖傳逸話篇』111頁「63　目に見えん徳」）。

七ッ　なんでもでんぢがほしいから
　　あたへハなにほどいるとても

> 　どうしても良い田地が欲しいから、その対価がいくらかかろうともかまわない。

　たとえ、対価がいくらかかろうとも、良い田地が欲しいであろう。ここまでが、眼に見える田地のことについて、人間の気持ちを述べられているところである。

　八ッ　やしきハかみのでんぢやで
　　　　まいたるたねハみなはへる

> 　人間の眼に見える田地と異なり、ここは、眼に見えない神の田地であるから、蒔いた種はみな生えてくる。

　これまで、眼に見える田地のことを話してきたが、元の屋敷は神の屋敷であり、眼に見えない田地のことである。この神の田地なら、良い種も、悪い種も、蒔いた種は、みな心通りに生えてくるのである。

　九ッ　こゝハこのよのでんぢなら
　　　　わしもしつかりたねをまこ

> 　この屋敷がこの世の神の田地なら、私もしっかり種を蒔こう、という者が出てくる。

　しっかり蒔こうと考える種は、人をたすけようとする真実の種である。しっかりと種を蒔こうというのは、しっかりとした信心、信仰をするという決意の表現である。

　十ド　このたびいちれつに
　　　　ようこそたねをまきにきた

> たねをまいたるそのかたハ
> こえをおかずにつくりとり

> このたび、世界中から揃って、ようこそ真実の種を蒔きにきた。
> 真実の種であるなら、種を蒔いたそのあとは、肥料を置かないで
> も、十分な収穫が得られる。

「このたび」を特定の一時点と考える必要はないであろう。立教
の日とする解釈もあるが、8ツの

「やしきハかみのでんぢやで　まいたるたねハみなはへる」

の教えを世界の人間が信じた時、という意味であろう。

「たねをまいたるそのかたハ」の意味は、種を蒔いたその後は、
と解するべきであろう。「かた」は、彼方、いずかた、といった意
味であり、人間を表す「方」と解するべきではない。7下り目と9
下り目の五ツと同じく抽象的に解すればよいであろう。

「くもよみのみこと」は、人間身のうちでは飲み食い出入りの消
化器の守護、世界では水気上げ下げの守護につけられた神名であり、
言わば、循環の守護を下さっていると考えられる。

そのことから、7下り目は、他の下り目とは異なり、十が、和歌
体1首で終わらず、さらにもう1首付け加えられている形となって
いる。本来終わるところで終わらず、あたかも、改めて始まり、循
環するかのようである。

この循環の守護の表象として、和歌体を2首置かれたものと考え
られる。

ウ◆「くもよみのみこと」を表象していることば、手振り

(1)　めいめい　手振りで、右人差し指を右斜め前に伸ばし、その
まま戻すことで、「出入り」を表象。以前のておどりの指導の際には、
「つ」の字のように、うなぎのように手を振る、と教えられたこと
もある。

(2)　まいたるたねハみなはへる　種を下に蒔き、上に生えてくることで上げ下げ、循環の意味。

(3)　たねをまいたるそのかたハ　こえをおかずにつくりとり　種を下に蒔き、上につくりとることで上げ下げ、循環の意味。

9 ●八下り目

ア◆「かしこねのみこと」と対応

8下り目は、「かしこねのみこと」と対応している。「かしこねのみこと」は、人間身のうち息吹き分けの守護、世界では風の守護につけられた神名である。

かぐら面は男面で、右手首に「をもたりのみこと」の胴尾の剣先が結ばれている。

一ッ　ひろいせかいやくになかに
　　いしもたちきもないかいな

　広い世界や国の中に、陽気普請の用材になる石も立ち木もないであろうか。

石や立ち木を探しているのは誰であろうか。神は、すべて見抜き見通しであり、神が探すことはない。八ツ、九ツとの関連でみれば、主語は人間と考えるべきであろう。

二ッ　ふしぎなふしんをするなれど
　　たれにたのみハかけんでな

　不思議な普請をするのであるけれど、誰に頼みをかけるわけではない。

　みかぐらうたの中で、「ふしぎ」ということばがいくつも出てくるが、これは、すべて人間が発することばと考えてよいのではないだろうか。神にとって当たり前のことが、人間にとっては不思議にみえるのだ。

　なお、２下り目の二ツの説明を参照されたい（76頁）。

> 三ッ　みなだん／＼とせかいから
> 　　よりきたことならでけてくる

> 　皆だんだんと世界から寄ってきたことならば、おのずと普請は出来上がってくる。

　三ツをうけ、誰に頼まなくても、世界中の人が寄ってくれば普請というものは出来上がってくるのだ。これが不思議な普請なのである。すなわち、立派な普請をすればそれを見て人が集まってくるのではなく、人が神を慕って集まってくれば、おのずと普請をしようという機運が盛り上がってくることを示されていると解してよいであろう。

　なお、三ツで拍子木が重ね打ちすることの意味については、３下り目の三ツ「オ三ツの拍子木の重ね打ちについて」を参照（84頁）。

> 四ッ　よくのこゝろをうちわすれ
> 　　とくとこゝろをさだめかけ

> 　普請をするのであれば、欲の心を打ち忘れて、しっかりと心を定めよ。

　天理教では、８つのほこり（おしい、ほしい、かわいい、にくい、うらみ、はらだち、よく、こうまん）を常にはらうことを教えられ

ている（第 1 節参照（54 頁））。禁欲ではなく、「お道は、離欲、忘欲である」（諸井慶一郎先生のご示唆による）。

五ッ　いつまでみあわせゐたるとも
　　うちからするのやないほどに

　いつまで普請にとりかかるのを見合わせていても、内々からだけでするものではない。

　「うち」とは、内部、ここでは、すでに信者になっている者、あるいは教内者をいうと考えられる。
　信者だけでなく。教外者、すなわち世界中から寄り集まってきた人間によって始められるという意味であろう。

六ッ　むしやうやたらにせきこむな
　　むねのうちよりしあんせよ

　無性やたらに普請を急き込むな。心の底からよく思案せよ。

　ここの「むしやうやたら」は、押さえの手。8 下り目は、海底にへばりついている鰈を表象していると考えられる。1 下り目六ツの「むしやう」と 6 下り目六ツの「むしやうやたら」は、押さえの手ではなく、勇みの手である。ここに元の理がみかぐらうたの骨格となっていることがわかる。

七ッ　なにかこゝろがすんだなら
　　はやくふしんにとりかへれ

　何か心が澄んだなら、早く普請にとりかかれ。

　普請にかかるには、心が澄み切っていることが必要である。何かの欲があってはならないことを、宣べられている。

> ハッ　やまのなかへといりこんで
> 　いしもたちきもみておいた

> 　山の中へと入り込んで、普請の用材となるであろう石も立ち木も見ておいた。

　山の中へ入り、石も立ち木を見ておいたのは誰か、については、十で説明する。

> 九ッ　このききらうかあのいしと
> 　おもへどかみのむねしだい

> 　この木を伐ろうか、あの石にしようかと思ってはみても、すべて、神の胸次第である。

　この木を伐ろうか、あの石にしようかと思ったのは誰か、については、十で説明する。
　2下り目のハツ「やまひのねをきらふ」は、引っ張って「切る」、ここの「きらふ」は、立ち木を倒す手振りで、「伐る」。

> 十ド　このたびいちれつに
> 　すみきりましたがむねのうち

> 　このたび世界の心はいちれつに、すっきりと澄み切った。

　8下り目は、七ツから十までを通して解釈するとわかりやすい。

　すなわち、七ツで、早く普請にとりかかれ、と命ぜられたのを受けて、（人間が）山の中へと入り込んで、普請に役に立つであろう石も立ち木も見て、この木を伐ろうか、あの石を使おうかと考えたが、どういうものが真に役に立つかは、神の胸次第である。（神が選んだ立ち木や石を見て）なるほど、そういうことかと胸が澄み切った（納得した）。

　このように解すると、「このたび」は、神の守護が表れた時、守護を見せられた時、と解することができる。

イ◆　「かしこねのみこと」を表象していることば、手振り

　(1)　いしも　地面の上に円を描く手振りは8下り目の2カ所だけであり、海底にへばりついて動かない鰈を石に見立てているものと解することが可能であろう。

　(2)　一ツないかいな、三ツだんだんと、四ツさだめかけ、九ツおもへどは、いずれも両手で右左の押さえの手。これは、鰈が海底にいる様を表象。

　(3)　六ツむしやう　1下り目六ツの「むしやう」と8下り目六ツの「むしやう」は、勇みの手。ここの「むしやう」は、押さえの手。押さえの手が鰈が海底にいる様を表象。

　(4)　すんだなら　鰈が海底に止まっていた状態から動き出し、砂が舞い上がる様を表象。

10●九下り目

ア◆　「たいしょく天のみこと」と対応

　9下り目は、「たいしょく天のみこと」と対応している。「たいしょく天のみこと」は、出産の時、親と子の胎縁を切り、出直しの時、息を引き取る世話の守護、世界では切ること一切の守護につけられた神名である。

　かぐら面は女面で、右手首に「くにとこたちのみこと」の胴尾の丸い先が結ばれている。

　なお、「たいしょく天のみこと」については、他の神名と異なり、「日本神話に同名の神はない、このことより本教と神道との関係は直接的でないことが明かになると思う」とするものがある（深谷忠政『教理研究元の理―改訂新版―』64頁）。

　一ッ　ひろいせかいをうちまわり
　　一せん二せんでたすけゆく

　広い世界をあちこちと回って、一銭二銭でたすけに行く。

　「うちまわり」の「うち」は、接頭語で、強調を意味する。

　このおうたは、神から人間への命令と捉え、「たすけの礼が1銭、2銭でもたすけに行きなさい」と解することで、二ツ以後との関連が明らかになる。

　これはさらに、おたすけをしたときは、路の路銀としてのお供え（喜捨、寄進、献金）を、たとえ1銭、2銭でもいただくことが大切とも受け取れる。詳しくは二ツのところで詳述する。

　これに対し、「一せん二せん」を「一洗二洗」と解し、人の心を洗うとするものがある（中山新治郎『御神楽歌述儀全』121頁、上田嘉成『おかぐらのうた』545頁（1994年、天理教道友社））。

　この解釈に至った理由は、二つ考えられる。一つは、通貨としての「銭」は、明治4年（1871年）に制定されたのであり、みかぐらうたが作られた慶応3年（1867年）正月から8月にはなかったこと、二つ目は、鳴物をそろえて初めておつとめがつとめられた明治13年（1880年）から2年後の明治15年（1882年）5月12日には奈良警察署長により2段まで積まれたかんろだいの石が没収された。これ以後、官憲の弾圧はいうまでもなく、民衆からの強い批判、攻撃にさらされることとなった天理教としては献金（お供え）を目的として布教しているかのように思われたくなかったこ

とであろう。

　これらについては、次のように説明が可能である。

　まず、通貨の単位としての銭は明治になってからのものではあるが、江戸時代でも一文銭のことを一銭といっていたとのことである（『日本国語大辞典』（小学館））。

　次に、「屋敷を払うて田売りたまえ天秤棒のみこと」などと揶揄された時代は、そう古いことではない。布教のためには、出来得るかぎり天理教は献金（お供え）を目的として布教しているのではない、とアピールする必要があったことは理解できる。

　ただ、立教以来180年以上を経過し、親神様、教祖のお陰により、多くの人が、目に見えないものに価値を見いだすことができるようになった今、みかぐらうたのおことばはそのまま解釈するべきであろう。二ツ以後の解釈とあわせて考えれば、親神様、教祖の強いご意思が伝わってくる。

　「たすけの礼が1銭、2銭でもたすけに行きなさい」と解することで、二ツ以後との関連が明らかになる。

二ツ　ふじゆうなきやうにしてやらう
　　　かみのこゝろにもたれつけ

　（たすけのお礼が1銭、2銭でもたすけに行きなさい、という）神の心にもたれつけて、おたすけに行けば、不自由のないようにしてやろう。

　一ツをうけて、神が、「神の心にもたれつけば、何の心配もいらない。」と請け負って下さっているおことばである。

　結局「広い世界中をまわって、たすけのお礼（路の路銀）が1銭、2銭でもたすけに行きなさい。すなわち、おたすけをしたときは、額にかかわらず、必ず神への御礼をしてもらうよう、感謝の心を持っ

てもらうようお供えをしてもらいなさい。路の路銀が少ないようで
あっても、神の心にもたれていれば、不自由のないようにしてやろ
う。」という意味であろう。

> 三ッ　みればせかいのこゝろにハ
> 　　よくがまじりてあるほどに

> しかし、神から見れば、世界中の人間の心には、欲がまじって
> あるのだ。

　ここでも一ッと二ッをうけ、次のように解するべきであろう。
　「たすけのお礼が1銭、2銭でもたすけに行きなさい、という神
の心にもたれつけば、不自由のないようにしてやろう。ところが、
世界中の人間の心には、そのような僅かなお供えではたすけに行け
ないとか、もっとたくさんのお供えが欲しいなどという欲の心がま
じっており、素直に神のいうことが聞けない。」
　国々へ布教している人との対比で、ここでいう「せかい」は、そ
の人たち以外の人を指していると考えられる。しかし、未信者はお
たすけに関係ないのだから、「せかい」とは、山の中へと行く人々
をも含め、それ以外の信者すべて、特に、お屋敷近くの人を強く意
識したものと考えられる。

> 四ッ　よくがあるならやめてくれ
> 　　かみのうけとりでけんから

> 欲があるなら、たすけに出ることをやめよ。神は受け取ること
> ができないのであるから。

　神は、何を「やめてくれ」とおっしゃっているのであろうか。こ

れにつき、神にもたれることをやめてくれ、と解する立場がある（諸井慶一郎編著『てをどりの道』208頁（2016年、正道社））。しかし、こう解すると、二ツの、神の心にもたれつけよと命じられていることとの平仄が合わない。

　そこで、9下り目はたすけに出ることから始まっていることと考え合わせ、やめよといわれるのは、たすけに出ることをやめよと解するべきであろう。

　すなわち、「**わかるよふむねのうちよりしやんせよ　人たすけたらわがみたすかる** ［親神の言うたすけの何たるかがわかるように心の底から思案をせよ。この道のたすけの神髄は、「人たすけたら我が身たすかる」ということである。］」（おふでさき3号47）との大切なおたすけであっても、欲があるくらいなら行くのをやめてくれ、というほど欲の心を持たないよう戒められているのである。「かみのうけとりでけんから」というのは、受け取れない以上、守護をやれない、という意味である。

五ッ　いづれのかたもおなじこと
　　　しあんさだめてついてこい

　どこにいる者も同じことで、思案して心を定めてついて来い。

　「いづれのかた」の「かた」を人間として、「方」とすると、ここだけ敬語を使っていることになり、おかしいことになる。ここは、いずれの方面も、いずれの者も、といった抽象的な意味にとるべきであろう。

　三ツをうけ、特にお屋敷近くの人を強く意識したものと考えれば、次のように解釈することができよう。

　すなわち、山の中で布教している者も、ぢばの近くで布教し、信仰している者も同じである。ぢばに近いから、神の近くにいるから

といって信仰が深いわけではない。いずれの者も同じで、神一条の心を定めてついて来い。このように解すると、現在の教会を預かっている教会長家族や、教会に住み込んでいる者に対してのお仕込みとも受け取ることができよう。

> 六ッ　むりにでやうといふでない
> 　こゝろさだめのつくまでハ

> 　神一条の心定めのつくまでは、無理にたすけに出ようと言うのではない。

　一ツ以降をうけ、天理教で最も大事なおたすけについてすら、欲を捨て、神一条の心定めがつかない限り出てはならない、という厳しいお仕込みと考える。

　このことは、9下り目の手振りにも現れている。ここの六ツで、「こころさだめ」は、手と足が、ふつう右手を振る時は右足、左手を振る時は左足という関係を断ち切り、右手の時に左足となっている。

　また、九ツの「とてもかみな」のところも、「かみ」の時は左足から踏み出す関係を断ち切り、右足から踏み出している。

　このように、9下り目は、手振りにおいても他との関係を「断ち切る」ことが示されているといってよい。

> 七ッ　なか／＼このたびいちれつに
> 　しっかりしあんをせにやならん

> 　なかなか、このたび、この道を信仰している者は皆、しっかり思案をしなければならない。

　ここは、六ツをうけ、すぐにおたすけに出ようというのではなく、

誰もがしっかり、神にもたれ、守護は神からいただくのだ、という
思案をしなければならない、と解するべきであろう。

　1銭や2銭では不足に思うような心は、あたかも自分がたすけて
いるような錯覚をしているのであり、「人をたすけて我が身たすか
る」の真の意味である、他人をたすけたことによる守護は神からい
ただくのであり、たすけたその人からの見返りを考えるな、という
ことを宣べられているものであろう。

> 八ッ　やまのなかでもあちこちと
> 　　てんりわうのつとめする

> 　山の中でもあちこちで、天理王命のつとめをする者がいる。

　山の中でもあちこちで天理王命のつとめをせよ、とも解すること
ができるが、九ツとの関連で上記のように解釈する。

　山の中とは、普通であれば通る人もいないところであり、そのこ
とから、天理教に対する理解者も信者もいないたとえとしたものと
思われる。

　つまり、いくら布教しても誰も聞いてくれることのない「やまの
なか」でも天理王命のつとめを懸命にしている者がいる。

> 九ッ　こゝでつとめをしてゐれど
> 　　むねのわかりたものハない

> 　この屋敷でつとめをしているが、神の思いをわかっている者は
> ない。

　「ここ」を、「この段階では、ぢば定めは行われていないので、中
山家の屋敷を指しているのか」とするものがある（天理教道友社編

『みかぐらうたの世界をたずねて』219頁）。しかし、みかぐらうたは、すべて、神が将来を見通して教えられたものであって、11下り目の一ツにすでに「ぢばさだめ」が出てくることから考えても、時間的なことではなく、神の近く、という意味に捉えれば、ぢばではなく屋敷が適切であろう。

　ハツの、山の中でつとめ（布教）している者との対比とすれば、「いくら神の近くの屋敷という恵まれた環境にいてつとめをしていても、神の思いや考えがわからず、形だけのつとめをしている者がある。」と解釈できる。この場合も、五ツと同様に、教会に住まわせていただく者に対するお仕込みという意味で、広く解釈できよう。

イ◆二ツの「むねのわかりたものハない」

　「むねのわかりたものハない」は、第4節よろづよ八首にも出てくるが、ここでは第4節と異なり、「わかりた」で上方に手を開く。これは、第4節では、何も知らないので無理もないとしているため、手は前方に開く、つまり、神の胸の内を見せようという形と捉えられる。しかし、9下り目では、すでに立教以来30年もの長きにわたり教え、話し続けたにもかかわらず、まだわからないのかという神の残念、もどかしさが示されているように思えてならない。

> とてもかみなをよびだせば
> はやくこもとへたづねでよ

> 　ともあれ、天理王命の神名を呼び出すのであれば、早く、ここ教祖のもとへたずね出よ。

　「とても」は、副詞で、結局のところ、といった意味に解される。

　ハツと九ツで、山の中と屋敷にいる者との対比をしていると考えれば、「こもと」を屋敷とするのは、意味がない。「こもと」は、今このことばを話している親、すなわち教祖のことであろう。「こもと」

は 9 下り目と 12 下り目だけにあり、「ここ」よりは明らかに特定
性が強い。

　「ここは」（4、5、7 下り目）のあとには、いずれも場所（この
世の極楽、この世の元のぢば、この世の田地）を指しているが、「こ
こで」（9 下り目）の後は場所を指す語はなく、「とても」以下での「こ
もと」からの答えを前提としていることがわかる。したがって、「こ
もと」とは、答えを出していただける方、すなわち教祖であること
がわかるのである。

　そして、現身を隠されてはいても、今でも教祖はご存命であり、い
つでも教祖のもと、すなわち「ぢば」をたずねよと解することができる。

ウ◆十がないこと

　9 下り目には、十がない。これは、切ること一切の守護につけられ
た神名である「たいしょく天のみこと」の正反対の万つなぎの守護を
つかさどっている「くにさづちのみこと」との関連によるものである。

　「くにさづちのみこと」が、人間身のうちでは皮つなぎ、世界では、
万つなぎの守護をつかさどっているため、最後の十、すなわち終わ
りである十がないことによって、終わらない、すなわち切れない、
つながる守護を表しているものであることは前述した（98 頁）。

　その「つなぎ」の理と対照をなすのが「切る」理である。切る理
は「たいしょく天のみこと」がつかさどっており、切る理とつなぐ
理は、二つ一つである。よって、「たいしょく天のみこと」を表象
する 9 下り目にも終わりを示す十がないものと考えられる。

エ◆重ね打ちのない 9 下り目、10 下り目

　なお、9 下り目と 10 下り目には、重ね打ちがない。

　これらは、いずれも身体の器官の神名ではなく、機能についての
神名である。9 下り目は、「たいしょく天のみこと」で、出産の時、
親と子の胎縁を切り、出直しの時、息を引き取る世話、世界では切
ること一切の守護の理、10 下り目は、「をふとのべのみこと」で、
出産の時、親の胎内から子を引き出す世話、世界では、引き出し一

切の守護の理であり、この 2 下りだけが、人間の身体の器官ではないのである。この 2 下りだけが、重ね打ちがない。

オ◆「たいしょく天のみこと」を表象していることば、手振り

⑴　やめてくれ　神から「やめてくれ」と直截に述べられているのはここだけ。たいしょく天のみことの切る理を表象。他は、「してくれな」（3 下り目六ツ）「ならんぞえ」（6 下り目七ツ）。

⑵　こころさだめ　手と足が、右手の時は右足、左手の時は左足という関係を断ち切り、右手の時に左足となっている。他との関係を「断ち切る」ことが示されている。

⑶　とてもかみな　「かみ」の合掌の手の時は左足から踏み出す関係を断ち切り、右足から踏み出している。他との関係を「断ち切る」ことが示されている。これに加え、右足は女の理であって、「たいしょく天のみこと」を表している。

11●十下り目

ア◆「をふとのべのみこと」と対応

10 下り目は、「をふとのべのみこと」と対応している。「をふとのべのみこと」は、出産の時、親の胎内から子を引き出す世話の守護、世界では引き出し一切の守護につけられた神名である。

かぐら面は男面で、右手首に「をもたりのみこと」の胴尾の剣先が結ばれている。

なお、12 下りで、鳴り物の重ね打ちや、歌い出しの音などの例外がなく、和歌体 10 首を原則通りにつとめるのは、この 10 下り目だけである。親神の引き出し一切の守護が例外なく、あまねく行きわたっていることを表していると解することができよう。

一ッ　ひとのこゝろといふものハ
　　　ちよとにわからんものなるぞ

> 　人の心というものは、ころころ身勝手に変わるので、ちょっと
> には神の思いがわからないものである。

　神は、すべて見抜き見通しであるから、「わからん」のは人間で
あり、上のように解するべきであろう。

> 　人間にとって不思議と思うようなたすけをこれまでしてきた
> が、その理由を明らかにするのは、今が初めてである。

　何が「あらはれでる」のであろうか。
　神が現れるという解釈がある。この解釈は、
　**「このたびはかみがおもてへあらハれて　なにかいさいをときゝ
かす」**（よろづよ八首）
と同じ意味にとるものであるが、よろづよ八首とは手振りが異なる。
よろづよ八首では両手で左右前方に、神がおわすかのような、崇拝
の対象となる形であるのに対し、ここでは、左下方から取り出す、
あるいは、汲み出す形であり、神が現れる形とは考えられない。
　以上のところから、たすけの理由、あるいは「たすけの道筋」（天
理教道友社編『みかぐらうたの世界をたずねて』291頁）と解す
べきであろう。

> 　水の中にあるこのどろを、はやく出して、神から守護をもらえ
> るようにしてもらいたい。

神から人間への求めである。

心一つが我がの理とされ、心の遣い方によって溜まってしまったどろを掻き出すのは人間の役目である。

「どろう」、どろとは、事情、病などの難儀の元であることが示されている。

幸福になること、すなわち心が澄み切るためには、早くどろを掻き出さなければならない。早くどろを出して、目覚めてもらいたい。

その結果、極楽（陽気ぐらし世界）になるのだ、という四ツにつながることになる。

その後、掻き出したどろ水を澄ます方法を次のように示されている。

「**この水をはやくすまするもよふだて　すいのとすなにかけてすませよ**［人の心を澄ます段取りは、水を濾す袋と砂を通して澄ますようにせよ。］」（おふでさき3号10）

「**このすいのどこにあるやとをもうなよ　むねとくちとがすなとすいのや**［この「すいの」は、どこにあるのかと思うかもしれないが、「むね」と「くち」とが砂と水嚢だ。］」（おふでさき3号11）

「すいの」とは、水嚢、水濾（こ）しのことであり、「すな」は濾過用の砂である。各人の胸と口とがどろ水すなわち欲の心を澄ます道具であると教えられる。口は諭しのことであり、胸は、その諭しを受けた心定めと解するものがある（永尾隆徳『みかぐらうたの心』225頁（2008年、天理教道友社））。

> 四ッ　よくにきりないどろみづや
> 　　こゝろすみきれごくらくや

> 欲にきりがないのはどろ水と一緒で全く先が見えない地獄のようなものである。心を澄み切れば極楽である。

4下り目十の「すみきりましたがありがたい」を参照（97頁）。

五ッ　いつ／＼までもこのことハ
　　　はなしのたねになるほどに

いついつまでもこのことは、たすけ話しの種、語り草になるのだ。

　「めん／＼それ／＼長い道筋、長い間、どんな理もあって通りた道は話の種」（明治31年10月1日おさしづ）から察するところ、どろ水＝地獄のような辛さを経験し、神を信じて心を澄み切り、極楽の境地に至るまで長い道を通ってきたことこそが、話の種となる、と宣べられていると考えられよう。

六ッ　むごいことばをだしたるも
　　　はやくたすけをいそぐから

　むごい、厳しいことばを人間に対し出すのも、早くたすけたいと急いでいるからのことである。

　「**せめるとててざしするでハないほどに　くちでもゆハんふでさきのせめ**［責めるといっても手で指示して諭すというのではない。口で言うのでもない。筆先をもって教え諭すのだ。］」（おふでさき1号22）
　子どもかわいいゆえからの厳しい教えの攻めは、人間からはむごいことばに聞こえよう。それも
　「**このはなしなんとをもふてきいている　かハいあまりてくどく事なり**［この話を一体何と思って聞いているのか。子どもたちをたすけたい、その子ども可愛いあまりに説いているのだ。］」（おふでさき5号21）

との親心からであることがわかる。

「むごい」の手振りについては、5下り目の六ツを参照のこと(101頁)。

> 七ッ　なんぎするのもこゝろから
> 　　わがみうらみであるほどに

> 　難儀、不自由するのも、みな自分の心遣いから出たものであって、これを恨むということは、我が身を恨むのと同じである。

　「**とのよふな事もうらみにをもうなよ　みなめへ／＼のみうらみである**［どんなことがあっても神を恨みに思うではないぞ。全てお前達銘々の「みうらみ」我が身恨みである。]」（おふでさき6号95）に示されているように、七ツは、我が身を恨むのと同じであると解するべきである。これを、自らを恨むほかはない、とするものがある（天理教道友社編『みかぐらうたの世界をたずねて』302頁）。同じような意味ではあるが、親神の慈愛を考えれば、恨むほかはない、といった突き放した言い方ではなく、恨むのと同じだ、という言い方の方が、諭すニュアンスにとれて、よいのではないだろうか。

> 八ッ　やまひはつらいものなれど
> 　　もとをしりたるものハない

> 　病は辛いものであるが、病の真の原因を知っている者は、誰もいない。

> 九ッ　このたびまでハいちれつに
> 　　やまひのもとハしれなんだ

神が出て、病になる意味や理由を説き明かすまでは、誰も病の元が何であるかを知らなかった。

「このたび」とは、天保9年（1838年）10月26日の立教を示す。身上（身体）は神の貸し物の理がわかってこそ、病の元がわかるのである。

十ド　このたびあらはれた
　　やまひのもとハこゝろから

このたび、病の原因は心遣いにあることが、明らかにされた。

八ツ、九ツとあわせ、親神から初めて、身上（身体）は神からの貸し物であり、人間にとっての借り物であることを教えられ、心遣いを誤ると、手引きとして病を与えられることが明らかにされたのである。

世間でいう、「病は気から」は、身体は自分のものであるということを前提としており、「やまひのもとハこゝろから」が、身上（身体）は神からの貸し物であり、人間にとっての借り物であることを前提としていることとは、決定的に異なる。

イ◆　「をふとのべのみこと」を表象していることば、手振り

⑴　あらわれでる　「でる」は、10下り目だけである。引き出しを表象している。他には、「ねがひでる」（6下り目六ツ）があるが、これは、願い出るとの一語である。

⑵　いだして　引き出しを表象している。

⑶　だしたるも　引き出しを表象している。

12●十一下り目

ア◆　「いざなぎのみこと」と対応

11下り目は、「いざなぎのみこと」と対応している。

「いざなぎのみこと」は、男雛型・種の理とされている。

かぐら面は、男面である。面の上部（頭の上）に、かんろだいを示す六角形のしるし（ただし凸型）をつけている。いざなみのみことの六角形の凹型と一体をなす（図表6）。

図表6　凹凸型の六角形

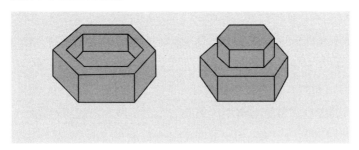

11下り目と12下り目は、夫婦雛型の「いざなぎのみこと」と「いざなみのみこと」にそれぞれ対応するものであり、この2下りは二つ一つとして考えることとなる。

一ッ　ひのもとしよやしきの
　　　かみのやかたのぢばさだめ

日本の庄屋敷村にある神の館で『ぢば』を定める。

明治8年（1875年）陰暦5月26日のぢばさだめのことである。ぢばさだめに先立つ半年前、明治7年（1874年）12月26日、教祖は赤衣を召されることとなった。いよいよ、目に見える形で月日の姿をお示しになられてからの11下り目、12下り目が、夫婦雛型である「いざなぎのみこと」「いざなみのみこと」に対応していることは、大きな意味があろう。

教祖が赤衣を召されるようになった明治7年は、教祖77歳であ

る。以後満12年間にわたり、教祖89歳まで計18回にわたる警察や監獄への留置、投獄の御苦労が始まった年である。

　第2節の「このよのぢいとてんとをかたどりて　ふうふをこしらへきたるでな　これハこのよのはじめだし」と教えられる、夫婦を基本とするこの教えの雛型の2つの神名が、教祖の長い苛酷な御苦労が始まり、赤衣を召されるようになる後、最初に出てくるのである。

　そして、何より忘れてならないのは、教祖は、これらのことを、みかぐらうたとして、徳川幕府が大政奉還をし、明治政府が始まる1867年（慶応3年）、教祖70歳の年に書き表されていることである。8年も前からの予言である。

イ◆一ツのところでの重ね打ち

　「（ひと一）つ　ひ（のもと）」で、鳴り物の拍子木は、重ね打ちとなる。一ツのところでの重ね打ちは、1下り目と3下り目にもある。

　これらは、いずれも、「最初」を意味するものと思われる。

　すなわち、1下り目は、みかぐらうた12下りの最初であり、3下り目は、十柱の神名とみかぐらうたがそれぞれ対応する最初であり、11下り目は、人間元初まりの夫婦雛型の最初の「いざなぎのみこと」に対応するものである。

　「このつとめ十人にんぢうそのなかに　もとはぢまりのをやがいるなり［この勤め十人人衆その中に元初まりの親が居るなり。]」（おふでさき6号30）

　「いざなぎといざなみいとをひきよせて　にんけんはぢめしゆごをしゑた［男雛型となるいざなぎのみことと女雛形となるいざなみのみこととを引き寄せて人間創造の守護教えた。]」（おふでさき6号31）とのおふでさきのあとに元初まりの話が続く（おふでさき6号31〜6号52）。

　二ッ　ふうふそろうてひのきしん
　　　これがだいゝちものだねや

> 夫婦そろってひのきしんをすることが、第一の物種である。

　一ツをうけ、夫婦二人の心合せた働きの大切さを教えられている。

　天理教の基本単位である夫婦が、揃ってひのきしんをすることこそが、物種、すなわち、あらゆることの根本である、とのおうたである。

　このおうたの意味は深い。「ふたりのこゝろをおさめいよ　なにかのこともあらはれる」（4下り目二ツ）と同じ重要なおうたである。

　「ものだね」については、おふでさき号外に明らかにされている。

　「にち／＼に心つくしたものだねを　神がたしかにうけとりている［日々に心を尽くした物種を神が確かに受け取りている。］」

　「しんぢつに神のうけとるものだねわ　いつになりてもくさるめわなし［真実に神の受け取る物種はいつになりても腐る目はなし。］」

　「たん／＼とこのものだねがはへたなら　これまつだいのこふきなるそや［段々とこの物種が生えたならこれ末代の口記（古記）なるぞや。］」

　また、教祖は、山中忠七に「不自由したいと思うても不自由しない、確かな確かな証拠を渡そう。」と、壷に入った永代の物種の目録と4つの物種を下された。その際、「この物種は一粒万倍になりてふえてくる程に。」と仰せになっている（天理教教会本部編『稿本天理教教祖傳逸話篇』19頁「15　この物種は」）。

　4つの物種は、「麦種」「米種」「いやく代」それに「酒代油種」と教祖手づから書かれたものである（西川寧『おやさま　天理教教祖と初代信者たち』46頁の写真）。

　三ッ　みれバせかいがたん／＼と
　　　　もつこになうてひのきしん

> 　見れば世界中の人間が、だんだんと、もっこを担ってひのきしんをするようになる。

> 四ッ　よくをわすれてひのきしん
> 　これがだいゝちこえとなる

> 　欲を忘れてひのきしんをすれば、これこそが第一の肥となるのだ。

　二ツの「ものだね」をうけ、ここでは、ひのきしんが肥、肥料ともなることを示され、蒔いた種が実ることまでの守護がひのきしんによっていただけることが明らかにされている。

　稲葉美徳医学博士（大美町分教会長）から、運動をすれば必ず血圧が上がるが、教祖120年祭に向けての西境内地土持ちひのきしんに参加した高血圧の持病を持つ者が、喜んでひのきしんをした時は、かえって血圧が下がったとの話を聞き、まさに、ひのきしんこそが、肥となることが実感できたのである。

> 五ッ　いつ／＼までもつちもちや
> 　まだあるならバわしもゆこ

> 　いついつまでも土持ちひのきしんをせよ、と神様が仰せになるので、まだ、あるならば、わしも土持ちひのきしんをしに行こう。

　「土持々々と言うたる。日々どんな中にも厭わず、国に一つの事情の中も厭わず、心楽しんで来る。一荷の土どういう事に成るとも、何ぼのこうのうに成るとも分からん。」（明治40年3月13日おさしづ）から、「いついつまでもつちもちや」は、神からの命と解することができよう。

　しかも教祖は、わずか一にぎりの土（一荷）をひのきしんさせていただくだけでも、どれだけの効能、守護をいただけるようになるかわからないとおっしゃるのだ。

六ッ　むりにとめるやないほどに
　　こゝろあるならたれなりと

　誰ならひのきしんをしてもいいが、誰ならひのきしんをするな、などと無理に止めるのではない。ひのきしんをさせていただこうという心がある者なら、区別せず、誰でもいい。

　止めるのは神か人間か、との点につき、神が止めるようなことはしない、とする解釈がある（天理教道友社編『みかぐらうたの世界をたずねて』320頁）。しかし、親なる神が、人間の悪い心遣いを理由に人間の行いを止めることは、「心一つが我がの理」（おかきさげ）とされ、自由な心遣いを許されていることからもあり得ないことと思われる。

七ッ　なにかめづらしつちもちや
　　これがきしんとなるならバ

　何かめずらしい土持ちひのきしんだ。これがひのきしんとして、神に受け取っていただけるならば。

　単なる土持ちのように見えても、神の屋敷でする土持ちは、神様に受け取っていただけるひのきしんとなるのだ。

八ッ　やしきのつちをほりとりて
　　ところかへるばかりやで

　屋敷の土を掘り取って、土を別の場所に移すだけでもひのきしんとなるのだ。

　七ツをうけて、ひのきしんは、行ったことによる結果が目的なのではなく、自分の時間、すなわち命を神に供えることが目的であることを教えられている。すなわち、目的を求めるなら、土を掘り取って場所を変えるだけでは意味はない。しかし、神に自分の時間＝命をお供えすることがひのきしんであるなら、一見、意味のないようなことでも、それをすること自体に意味があるのである。

　ある教会の庭の池のほとりに網を持って立っている信者がいた。その信者は、池に落ちた木の葉を網ですくうのだという。常識で考えれば、池に木の葉が落ちるのを待っていないで、何枚か落ちたころを見計らって、池にいってすくえば効率がよい。しかし、自分の時間を神にお供えすることがひのきしんであるなら、木の葉が落ちるかどうかは問題でないのだ。ここに、ひのきしんの真の意味がある。

> 九ッ　このたびまではいちれつに
> 　　　むねがわからんざんねんな

> 　このたびまで世界中の人間は、神の心がわからないので、残念である。

　「このたび」を、天保9年10月26日と解する立場があるが（上田嘉成『おかぐらのうた』609頁）、その解釈では、よろづよ八首の「しらぬがむりでハないわいな」のおうたと平仄が合わない。

　「このたび」を特定の一時点と考える必要はないであろう。したがって、ここでは、みかぐらうたを歌い、ておどりをしているその時点、すなわち「今」のことと解すべきであろう。

　神の話を聞き、つとめをしていても、いつまでたっても神の心がわからない、として、一歩でも二歩でも神の心がわかるように求め、反省し続けることを宣べられているように思えるのである。

十ド　ことしハこえおかず
　じふぶんものをつくりとり
　やれたのもしやありがたや

　今年は田地に肥をおかなかったが、十分に収穫物を作り取ることができた。なんと頼もしく、有り難いことであろうか。

　手振りで、この「ありがたや」は、左足から先に下がる。左は男の理であり、「いざなぎのみこと」を表象していることがわかる。ちなみに、4下り目十の「ありがたい」は、右足から下がり、右が女の理を示し、「をもたりのみこと」を表象している。

ウ◆十に付加されている一行について

　11下り目は、他の下り目とは異なり、十が、和歌体1首で終わらず、さらにもう半首付け加えられている形となっている。本来終わるところで終わらず、さらに1行が付加されているのである。

　3下り目から12下り目までのみかぐらうたの中で、7下り目の十とここだけが異なった形となっている。

　しかし、7下り目の十は、一応、和歌体が2首あり、和歌体としては完結しているのと対比しても、ここの、和歌体が半分というのは、形式としても極めて異例と言わざるを得ない。

　そこで、私は、二つ一つとして解釈すべき夫婦雛型の12下り目「いざなみのみこと」との対比で、この付加された一行は、男雛型である「いざなぎのみこと」の男一の道具の表象と考えている。手振りも、男の理である左足から下がることとされているからである。

エ◆「いざなぎのみこと」を表象していることば、手振り

　(1)　ものだね　男雛型・種。

　(2)　ふうふ　「いざなぎのみこと」と「いざなみのみこと」の夫婦雛型。

（3）　ありがたや　左足から下がることで、男の理を強調。4下り目の「ありがたい」が「をもたりのみこと」の女の理で、右足から下がることと対照をなしている。

（4）　だいいち　人間創造の際、第一に引き寄せたのが「うを」で、これが「いざなぎのみこと」となった。

13●十二下り目

ア◆「いざなみのみこと」と対応

12下り目は、「いざなみのみこと」と対応している。

「いざなみのみこと」は、女雛型・苗代の理とされている。

かぐら面は、女面である。面の上部（頭の上）に、かんろだいを示す六角形のしるしをつけている。この六角形は凹型であり、いざなぎのみことの凸型とぴたりと一対をなす（図表6（138頁））。

イ◆12下りの最後に現れる神名

「いざなみのみこと」が12下りの最後に現れるのには意味がある。親神は教祖中山みき様の身体を借りてこの世に現れた。教祖は、「いざなみのみこと」のいんねんを持っており、まさに、「いざなみのみこと」こそが、月日親神が選ばれた最も重要な神名であり、それゆえ、おつとめの最後に配置されたと考えられる。究極（ダメ）の教えの意味もあろう。

　一ッ　いちにだいくのうかゞひに
　　なにかのこともまかせおく

　これからは、神意を伺うのは、大工であった本席の伺いにすべてまかせておく。

ここの「だいく」とは、本席飯降伊蔵のことである。「だいくのうかゞひ」と続くとき以外は、普通名詞の大工のことである。

　「なにかのこと」とは、二ツ以下との関連で普請のことすべてであろう（天理教道友社編『みかぐらうたの世界をたずねて』334頁）。

　二ツ　ふしぎなふしんをするならバ
　　　うかゞひたてゝいひつけよ

　　不思議な普請をするならば、本席に伺いをたててからとりかかるようにせよ。

　「ふしぎなふしん」については、2下り目二ツを参照のこと(76頁)。
　また、この「うかがひ」は、扇の伺いである。不思議な普請であるからこそ、一つ一つ神意を伺いながら大工に言い付けて進めることを宣べられているものと解される。

　三ツ　みなせかいからだん／＼と
　　　きたるだいくににほいかけ

　　みな世界中からだんだんと集まってくる大工に、においがけをせよ。

　ここの「大工」は、一般の大工のことである。教えの上で言えば、つとめ人衆や布教者となるような人材のことであろう。
　四ツ以下の棟梁との対比で、大工（となるような者）は、教祖や屋敷のうわさを聞いてだんだんと寄り集まって来るようになるが、そのように集まってきた大工（となるような者）に対し、においがけをして、この教えを信じるように導け、という意味に解される。
　なお、三ツで拍子木が重ね打ちすることの意味については、3下り目の三ツ「オ三ツの拍子木の重ね打ちについて」を参照（84頁）。

四ッ　よきとうりやうかあるならバ
　　はやくこもとへよせておけ

良き棟梁があるならば、早く神のそばに寄せておけ。

　手振りからいっても、大工と棟梁は異なっている。大工は、実際の作業の一つである墨を引く手振りであるが、棟梁は、鉢巻きを巻く手振りであり、大工を指図する立場であることがわかる。したがってこの四ツは、将来、布教者を取りまとめることができるような、良き棟梁となれるような人材を、早く引き寄せておけ、という意味であろう。

　三ツの「きたるだいく」と異なり、良き棟梁となれるような人材については、来るのを待つのではなく、こちらから神のそばに引き寄せるようにしなければならない、と解される。

五ッ　いづれとうりやうよにんいる
　　はやくうかゞいたてゝみよ

いずれ陽気ぐらしの世界建設のためには、良き棟梁が4人必要である。その棟梁がどこにいるのか、早く伺いをたててみよ。

　大工は数多くいるであろうが、陽気ぐらしを実現するためには良き棟梁となれる人間が非常に重要だから、四ツをうけて、早く伺いをたてて探し、引き寄せよ、との趣旨である。

　「よにんいる」は「4人居る」ではなく、「4人要る」の意味にとらえるべきである。すなわち、世界中にこの教えを広めるためには、世界の四方、東西南北にそれぞれ棟梁を置く必要がある、という意味であろう。

　これに近い解釈としては、「家屋普請の原型には、柱が四本必要で

あるように、親神様の思召たる世界一れつ陽気ぐらしの不思議ふしんが遂行されてゆく上には、四本の柱となるべき四人のとうりやうが入用である旨を仰せられているのであります。」とするものがある（小野清一『みかぐらうた入門』246頁（1975年、天理教道友社））。この考えに加えて、世界中の四方にこの教えが広がって行く様をも含み、本書では、上記のように解釈することとしたものである。

　これまで「よにん」を、12下り目に出てくる棟梁から推測する考えが多かった。すなわち、荒木棟梁、小細工棟梁、建前棟梁、それに良き棟梁とするものであるが、良き棟梁は、棟梁の種類によるものではなく、属性に過ぎず、4人の中に含むのは適切でない。

　荒木棟梁、小細工棟梁、建前棟梁の他に、うかがい棟梁とするもの（中臺勘治『みかぐらうた』277頁）、鉋の棟梁とするもの（諸井慶一郎編著『てをどりの道』271頁（2022年、天理教道友社））などがある。

　また、九ツで述べるように、小細工棟梁、建前棟梁は、道が広まっていない所への布教としては、神が望んでいる棟梁ではないと解するときは、ここは、良き棟梁を4人必要とされていると考えられる。

六ッ　むりにこいとハいはんでな
　　いづれだん／＼つきくるで

　無理に来いとは言わない。いずれだんだんとついて来るようになるのだ。

　良き棟梁と、こちらが見込んだ者であっても、無理に来いと言うことはない。良き棟梁というものは、こちらが引き寄せる努力をしていれば、いずれ、次第に納得してついて来るものだ。
　「こんものにむりにこいとハゆうでなし　つきくるならばいつまでもよし［この教えについて来ようとしない者に無理に来いとは言

わない。この道について来るならば、いつまでも連れて通ってやろう。〕」（おふでさき3号6）

　さらに進んで、陽気ぐらし実現のため、神が、必ずつきくるように取り計らってやろう、と解することもできるのではないだろうか。

　ここで大切なことは、これと見込んだ者については、放って置いて、いずれついて来るのを待つというのではなく、引き寄せる努力、すなわちにおいがけをした上で、その者がついて来るのを待つ、ということである。

> 七ッ　なにかめづらしこのふしん
> 　　しかけたことならきりハない

> 　何かめずらしいこの普請は、仕掛けたことならば、いつまでも終わりがない、きりなし普請になるのだ。

　普請というものは、建物の完成を目的とするもので、完成すれば終わる。しかし、この普請は、神の館の普請であり、普請に取り掛かることだけでもそのこと自体で守護をいただける珍しい普請である。11下り目のハツの「ところかへるばかりやで」とつながるのである。

　そして、この普請は、取り掛かったならば終わりのない普請である。すなわち、いつまでも守護がいただけることを宣べられているおうたである。

　このように、「めづらし」は、「ふしん」と「きりはない」の両方にかかっていると考えられる。

> 八ッ　やまのなかへとゆくならバ
> 　　あらきとうりやうつれてゆけ

> 山の中へと行くならば、荒木棟梁を連れて行け。

　九ツと対比されているのは明らかである。

　山の中、すなわち、まだ道のついていないところへ布教に行くには、荒木を伐り開いて道をつける力のある荒木棟梁を連れて行け、とお命じになっておられるのであろう。

　小細工棟梁や建前棟梁を連れて行くのではない、とのおうたである。

　一般に「荒木棟梁」ということばは使われない。教祖が、教えの上から独自に使われたようである（天理教道友社編『みかぐらうたの世界をたずねて』343頁）。同様に小細工棟梁や建前棟梁ということばも、一般には使われていない。教祖が、教えを理解させるために造語されたものであろう。

九ッ　これハこざいくとうりやうや
　　　たてまへとうりやうこれかんな

> これは小細工棟梁であって山の中では役に立たない。建前棟梁も、かんな（鉋）が必要であるなどといって、山の中へ連れて行っても役に立たない。

　おうたの形式からいっても、八ツと九ツは一体として理解されなければならない。

　そこで、次のように解することとする。

　荒木棟梁こそが未開の土地への布教に必要であって、細かい細工をする小細工棟梁や、建前棟梁のようにかんなを必要とするような者は、「あれがなければ、これがなければできない」というのと同じで、まだ道のついていない所への布教には役立たない。小細工棟梁や建前棟梁は、荒木棟梁が伐り拓いた後の丹誠、あるいは仕上げにかかるときにこそ役に立つという、布教の際の適材適所の必要性

を宣べられたものと解される。

　八ツと九ツを一体として考えればこのような解釈が自然であろう。

ウ◆棟梁と大工

　一般に、個々の作業をするのが大工で、それを取りまとめ、全体の指揮をするのが棟梁である。みかぐらうたでは、「だいくのうかがひ」にいう大工が本席飯降伊蔵を示すが、その他は棟梁についてだけ、形容詞がつけられている。しかも、荒木棟梁、小細工棟梁、建前棟梁が、前述のように教祖の造語とすると、結局、棟梁に関しては、「良き棟梁」と「荒木棟梁」だけが教えを広める上で必要とされていると解される。

エ◆左かんな（鉋）の意味

　かんなの手振りは、いわゆる左かんなである。左かんなは、本来のかんなの使い方ではない。小細工棟梁や建前棟梁はいらぬ者、と捉え、本来のかんなの使い方や目的とは違う使い方、すなわち、「使いものにならない使い方」あるいは「世間の使い方ではない、神の目にかなった使い方」をしてこそ、十の「だいくのにん」として使えるという解釈も出来るであろう。

| 十ド　このたびいちれつに |
| だいくのにんもそろひきた |

| このたびは、すべて必要とする大工の人衆も揃ってきた。 |

　陽気ぐらし建設のための大工（つとめ人衆や布教者）が揃ってきた。その中から大工をまとめる頭となる棟梁が出てくるであろう、と考えると、翻って大工の人衆が揃わないと４人の棟梁も揃わないということになろう。陽気ぐらし建設のためには「においがけ」が不可欠である（三ツ）ことが、ここからもわかるのである。

オ◆「いざなみのみこと」を表象していることば、手振り

　⑴　よきとうりやう　「よき」で一歩出した右足をそのままにして引かないのは、右足＝女の理を表す。

　⑵　いずれとうりゃう　「とうりゃう」で一歩出した右足をそのままにして引かないのは、右足＝女の理を表す。

　⑶　なにかめづらし　「めづらし」で一歩出した右足をそのままにして引かないのは、右足＝女の理を表す。

　⑷　こいとハいはんでな　こい、とは、いはんの３カ所でいずれも右足を続けて踏むのはここだけである。右足＝女の理を表す。

　⑸　いづれだんだん　右足が左足の前に出て、左足を抑えるようにするのは足＝女の理を表す。

　⑹　しかけた　女一の道具を表象。また、右人差し指で２回たたくのは、神名の２番目「をもたりのみこと」、夫婦雛型の女の理を表す。第２節の「ふうふをこしらへ」の「ふうふ」のところで、右手先で左手を２回たたく手振りと共通していることがわかる。

　⑺　こざいく　女一の道具を表象。また、右人差し指で３回こするように回すのは、神名の３番目「くにさづちのみこと」の女一の道具の理を表す。

　⑻　とうりやうこれ　とうりやうで足を踏まず、これ、で右足＝女の理から始まる。

【参考文献】

●中山新治郎『御神楽歌述義全』（1905年、和本）

●吉川萬壽雄「神の古記対照考」復元15号1頁（1949年）

●飯降尹之助「永尾芳枝祖母口述記」復元3号115頁（1946年）

●諸井政一「正文遺韻補遺」復元16号1頁（1949年）

●天理教教会本部編『稿本天理教教祖傳』（1956年、天理教道友社）

●中山正善『続ひとことはなし　その二』（1957年、天理教道友社）

●中山真之亮「教祖様御伝」復元33号1頁（1958年）

●山名大教会『改訂初代会長夫妻自傳』（1958年）

●諸井政一『正文遺韻抄』（1960年、天理教道友社）

●諸井慶徳『人間完成の道としての天理教（諸井慶徳著作集第7巻)』
　（1972年、天理教道友社）

●小野清一『みかぐらうた入門』（1975年、天理教道友社）

●天理教教会本部編『稿本天理教教祖傳逸話篇』（1976年、天
　理教道友社）

●天理教道友社『人間誕生』ムック天理2号（1978年、天理教道友社）

●平凡社編『国民百科事典7巻』（1979年、平凡社）

●上田嘉成「かぐらの話」ムック天理4号（かぐらづとめ）（1980年）

●西川孟『おやさま　天理教教祖と初代信仰者たち』（1985年、主婦の
　友社）

●平野知一『みかぐらうた叙説』（1985 年、天理教道友社）

●諸井慶一郎「みかぐらうたの思召（その二）みかぐらうた通釈註解」
天理教校論叢第 25 号（1991 年）

●上田嘉成『おかぐらのうた』（1994 年、天理教道友社）

●道友社編『ドキュメントかんろだい物語』（1994 年、天理教道友社）

●天理教道友社編『みかぐらうたの世界をたずねて』（2001 年、天理教
道友社）

●天理教道友社編集『ようぼくハンドブック』（2002 年、天理教道友社）

●荒川善廣『「元の理」の探究』（2004 年、天理大学附属おやさと研究所）

●中臺勘治『みかぐらうた』（2005 年、「にほんばし」編集部　天理教
日本橋大教会）

●永尾隆徳『みかぐらうたの心』（2008 年、天理教道友社）

●諸井政一著・諸井慶徳編『正文遺韻「みかぐら歌釋義」』（2014 年、
天理教山名大教会史料部）

●深谷忠政『教理研究元の理─改訂新版─』（2016 年、天理教道友社）

●諸井慶一郎編著『てをどりの道』(2016 年、正道社)

●上田嘉太郎『おふでさき通解』（2017 年、天理教道友社）

●天理大学附属おやさと研究所『天理教事典（第三版)』（2018 年、
天理大学出版部）

あとがきに代えて

　天理教の信仰は、教祖から教えられた「みかぐらうた」の「てを
どり」をしっかり憶えることから始まる。

　毎月の祭典に間違いなくつとめられるように、みかぐらうたをう
たい、手振りを練習する。これを「まなび」という。

　まなびは、みかぐらうたの台本を見ながら口に出してうたい、手
振りをするのである。

　私は10数年前のあるとき、「このおうたの主語は神なのか人間
なのか？」と疑問がわき、毎日それを考えながらまなびをする中で、
気がついたことを書きため、できあがったのが本書である。

　昨年、日帝分教会の創立100周年を迎え、ささやかな記念誌を
発行した際、本書を出版することを思いついた。

　本書は、ある程度天理教を信仰している方でないと理解が難しい
内容である。

　しかし、元の理を世界中の人に伝えたいと考え、未熟をかえりみ
ず、あえて出版することとした。

　本書を出版するにあたり、「みかぐらうた」は原本が見当たらな
いため、先人の書き残されたものに統一された表記がないことがわ
かり、多くのみかぐらうた本を調べるという楽しい苦労も経験した。

　本当に尽きせぬ広さ、深さ、大きさのある教えであることを改め
て認識した。これだけでも本書をまとめたことの大きな喜びであっ
た。

　そして、何より、未信の創耕舎宇野功さんの原典のチェックは、
信者である私よりも正確で、表現方法の指摘は、まさに求道者のよ
うに真摯なものであった。宇野さんなしに本書は完成しなかった。

　改めて深く感謝申し上げる。

　　令和6年（立教187年）6月

　　　　　　　　　　　　　　　　　　　　　　　　羽成　守

元の理とみかぐらうた

令和 6 年 7 月 26 日　初版第 1 刷発行

著　者　羽成　守

発行者　株式会社　創耕舎

発行所　株式会社　創耕舎

〒136-0074　東京都江東区東砂4-24-3-332
コスモ21 ザ・ガーデンズフォート
TEL/FAX　03－5875－0704
URL　https://soko-sha.com/

〈検印省略〉

ISBN978-4-908621-23-9　〈C3014〉